프랭크 게리

최초의 해체주의 건축가

차례
Contents

들어가는 말

1980년대 이후 국제화·세계화의 추세 속에 수많은 한국인들은 전 세계 곳곳을 여행하면서, 그곳의 문화를 느끼며 즐기고 있다. 우리가 다른 나라 특히, 유럽을 여행하면서 보고 느끼는 가장 중요한 관광대상은 다름 아닌 건축물이다. 관광자원으로서 뿐만 아니라, 그 나라의 문화척도로서 훌륭하고 아름다운 건축물은 예술품의 가치와 다를 바 없는 것이다.

그런데 우리의 건축물은 어떠한가? 우리 스스로가 자랑스러운 문화유산이라고 생각하는 것과는 달리 세계 여러 나라의 사람들은 전혀 모른다거나, 이웃나라인 중국과 일본에 비해 소개가 제대로 안돼 있는 형편이다. 세계 12위의 경제 국가이고, 올림픽과 월드컵이라는 세계적인 행사를 치룬 한국의 문화적인 현실이 고작 이 정도이다. 물론 점차로 발전하면서 개선되고 있는 것도 사실이다. 그러나 지나간 일을 되짚어보면, 현재의 우리가 어떻게 나아가야 할지는 명백해진다. 치열한 경제 전쟁이 치러지고 있는 21세기는 또한 '디자인의 시대'이기도 한 것이다.

지난 세기를 통해 꼬르뷔지에(Le Corbusier)나 라이트(F.L. Wright)를 전후로 한 위대한 건축가들은 한결같이 시대를 앞서나가는 독창적인 아이디어와 예술적 재능을 겸비한 건축가들이었다. 이제 21세기적 시점에서 또 한 세기를 여는 건축디자인이 무엇일까 생각해보면, 거기에는 가장 많이 주목받는 건축가 중에 한 사람인 프랭크 게리(Frank O. Gehry)가 있다. 세계적인 건축가 프랭크 게리에 대해 말한다면, "유대인으로 태어나 예술가의 기질을 지니고, 값싼 재료로 구속받지 않은

프랭크 게리.

자유로운 디자인을 추구하는 건축가"로 요약할 수 있을 것이다. 20세기 말의 가장 훌륭한 건축물로 세계적인 주목을 받고 있는 스페인 빌바오의 「구겐하임 미술관」(1997)을 설계한 게리의 생애와 그의 건축에 대해 살펴본다는 것은, 다양하게 급변하는 21세기의 건

축을 향한 하나의 진지한 행보가 될 수 있으리라 생각된다.

따라서 이 책의 전반부에는 프랭크 게리의 성장과정에서부터 건축가로서의 수업, 그리고 예술가들과의 교류와 작업방식 등 프랭크 게리라는 개인과 그의 건축적 이념과 디자인 표현을 중심으로 기술하였다. 후반부에는 주로 게리의 건축작품 중 많이 언급되는 주요 건축물들을 소개하는 것으로 구성되어 있다. 이해를 돕기 위해 편의상 완공된 시점을 기준으로 오래된 작품부터 설명되어져 있다.

이미 오래 전에 작품활동을 접은 건축가가 아니라, 지금도 활발하게 활동하는 건축가를 대상으로 그에 대해 평가하고 작품의 가치를 논한다는 것은 자칫 우를 범하기가 쉽다. 그러나 디자인에 관심 있는 비전문가들과 국내의 건축·실내디자인 관련 대학에서 배출될 수많은 장래의 디자이너를 생각한다면, 비록 작은 도움일지언정 더 이상 미룰 수는 없는 일이라는 생각에서 글을 썼다. 부족하고 미비한 점이 있지만 프랭크 게리, 그리고 건축과 예술에 대해 마음껏 음미하는 기회가 되기를 바란다.

프랭크 게리, 그의 생애와 건축

성장과정과 가족관계

프랭크 게리는 평범하면서도 특이한 가족관계를 가지고 있는데, 이는 그의 생애에 커다란 영향을 미치게 된다. 게리가 자주 언급하는 가족들에 대해 간략하게 살펴보면 조부모와 부모, 그리고 이혼한 전 부인과 현재 부인에 관한 것들이다.

폴란드계 유대인 중에 한 사람인 외할아버지는, 게리의 어머니가 4살 때 폴란드에서 캐나다로 이민와서 주조공장에서 일했다. 토론토에서 천천히 이국적인 환경에 동화되어 갔지만, 그들은 조상의 종교적인 성향을 소중히 간직하고 있었다.

게리는 어렸을 때 유대교 학교에 다니면서 조부모로부터

유대어도 배우고 문화적인 가치에 대해 많은 가르침을 받았다. 게리의 유대인 이름은 '에브라임'이었다. 할아버지의 정신적·정치적 충고는 게리가 10살 때부터 17살이 될 때까지 계속되면서 큰 영향을 미쳤다. 외할머니는 대단한 시각적 센스뿐 아니라, 솜씨도 지니고 있었다. 외할머니의 영향으로 심취하게 된 '물고기'의 형상은 이후에 게리의 디자인에 중요한 영향을 미친다.

유대교 집사이고 전통적인 탈무드 학자여서 많은 토론을 통해 자식을 교육시켰던 게리의 아버지 역시 폴란드계 유대인 이민자의 후손이었는데, 그의 부모는 토론토보다 뉴욕에서 더 오래 살았다. 게리의 아버지는 뉴욕 브루클린에서 태어났지만, 토론토에서의 밝은 기대 때문에 캐나다로 보금자리를 옮기게 된다. '팁탑 양복점(Tip Top Tailor)'이라는 가게를 운영하던 그들은, 1911년 게리의 아버지 형제가 수은중독으로 사망하는 사고 때문에 다시 미국으로 돌아올 수밖에 없었다.

뉴욕 동부 맨해튼의 빈민가에 정착하게 된 11살의 게리 아버지는 골목대장이 된다. 이 거친 '소년 범죄자'는 한때 복싱과 레슬링에 빠져들었다. 조부모처럼 아버지도 뉴욕에서 토론토로 다시 이주하여 여러 직장을 전전하다가, 게리의 어머니인 실마 카프란을 만나 결혼한다. 아버지는 철물점과 식료잡화점에서 일했으며, 이후에는 핀볼(pinball)게임기나 도박기계를 제조하는 직장에서 일했다. 당시 게리는 아버지를 따라 미국 시카고에 가서 기계들을 구입해오곤 했다.

    게리의 아버지는 성조기(星條旗) 모양의 콜라주와 장식대를 캐나다 국제전시회에 출품하여 입상하기도 했다. 그는 후에 "그것은 유명한 추상계열 작가인 재스퍼 존스(Jasper Jones)를 닮았다"고 회상한다. 아버지의 타고난 미적 감각은 게리에게 그대로 이어졌다. 그가 학교 다닐 나이가 되자 아버지는 토론토 북쪽의 팀민스로 직장을 옮기고 가족도 함께 이사한다. 그 때가 그들 가족에게 가장 윤택하고 행복한 시기였다. 제2차세계대전이 끝나갈 무렵 그의 가족은 다시 토론토로 돌아가 작은 가구회사를 운영했는데, 이 일은 후에 게리가 지속적으로 가구디자인에 흥미를 갖게 된 계기가 되었다.

    어머니 실마 카프란은 캐나다 토론토대학에서 음악을 전공했고 이디쉬 극장의 멤버이기도 했다. 하지만 그녀는 법률공부를 하고 싶어 했다. 그녀는 자기 아버지의 고집 때문에 법률과는 거리가 먼 분야만을 공부하다가 60세에 이르러서야 뒤늦게 원하는 공부를 할 수 있게 되었다. 유대인 여성단체를 운영할 만큼 활동적이었던 실마는 오랫동안 회장으로 일했는데, 다른 가족과 더불어 게리의 성장기에 커다란 영향을 미친다.

    프랭크 게리는 1929년 2월 28일 캐나다의 토론토에서 태어났다. 1940년대 중반 캐나다에서 도박이 불법화되면서 게리의 아버지가 실직하고 가족들은 경제적인 어려움을 겪는다. 더구나 가족들은 심장이 약한 게리 때문에 요양할 수 있는 환경에 신경을 써야 했다. 그 당시 형과 사촌은 이미 미국 로스앤젤레스에 살고 있었고 다른 형제들은 디트로이트로 갔다.

게리가 18세가 되던 1947년, 건강상의 이유로 그는 가족과 함께 남부 캘리포니아로 이주하였다. 아버지는 건강이 좋지 못했지만 생계를 위해 술집의 트럭운전사로 취직했으나 궁핍한 생활을 면치 못했다. 실제로 아버지의 수입만으로 가족들을 부양하기에는 힘든 처지였다. 당시 게리는 대학진학은 생각조차 못했다. 한 달에 50달러의 수입을 고려해 LA의 버링턴 9번가에 작은 아파트를 임대하여 살았는데, 공교롭게도 그로부터 35년 후에 게리는 이 근처에 세워진 「로욜라 법대」(1984)를 설계하게 된다.

　그 당시 게리는 아침식사를 배달하는 트럭운전사로 일했다. 이 시절의 고객들 중에는 게리의 첫 부인인 아니타 스니더의 부모들도 있었다. 그는 1952년 아니타와 결혼을 하게 된다. 약사였던 아니타의 아버지는 여자에게 고등교육을 시키는 것에 대해 탐탁해하지 않았다. 그래서 아니타는 고등학교를 졸업하자마자 법률사무소의 비서로 취직했다. 1950년대의 젊은 부부들이 그랬던 것처럼, 그녀도 남편의 대학 학비를 조달했다. 게리는 "아니타를 만났을 때, 나는 물을 떠난 오리의 상태였는데, 그녀의 도움으로 기반을 얻을 수 있었다"고 고백한다. 그러나 1966년 그는 아니타와 헤어지게 된다.

　그로부터 10년간의 독신생활 이후에 게리는 미와 지성과 독립심을 갖춘 파나마 출신의 베르타 이사벨 아퀼레라와 재혼한다. 그의 자녀로는 두 번째 부인 소생인 두 아들과 전처인 아니타와의 사이에서 태어난 두 딸이 있다. 게리는 현재 캘리포니아 주 산타모니카에서 부인인 베르타와 두 아들인 알레잔드로, 세미와 함께 베르타가 찾아내고 게리가 직접 증·개축한 집에서 살고 있다. 그리고 전 부인인 아니타 스니더 소생의 두 딸을 비롯하여 어머니, 누이동생과 함께 행복한 가정을 영위하면서 직업적인 성공도 얻고 있다.

유대인(물고기)과 철물점(재료의 본성)

젊은 시절의 이름인 골드베르크로부터 덜 '유대인'적인 게리라는 이름에 이르기까지, 프랭크 게리의 인생은 온통 유대인이라는 것에 대한 인식과정으로 점철되어 있다. 게리는 젊은 시절에 많은 잘못을 저질렀음을 인정하는데, 그는 과거를 되돌아보면서 생각이 바뀌고 있음을 고백한다. 그의 직업적인 업적은 게리라는 이름과 함께 성취되었다. 그러나 그는 본능적으로 유대인의 성향을 항상 갖고 있었다. 그의 집안이 정치적으로 좌파의 성향을 지닌 연고로, 무엇보다도 단체의 결성에 열성적이었다. 게리는 인터뷰에서 스스로가 구속받기를 싫어하는 유대계 자유주의파라고 실토한다.

어린 시절의 게리는 면도기나 부속품들을 만지작거리면서, 미래의 건축과 도시를 위한 원자재들에 관심을 보였다. 외할아버지가 운영하던 철물점 일을 가끔 도우면서, 게리는 선반 위에 놓여있던 톱, 망치, 파이프, 울타리, 함석판, 쇠사슬, 볼트, 나사 같은 금속자재를 자주 접하게 되었다. 그 당시 느낀

'재료의 본성'에 대한 영향은 그의 일생을 지배하게 된다. 그는 20대 초반에 LA에서 트럭운전사로 돈을 벌면서 야간학교를 다녔는데, 당시 그는 '사물의 본질'에 대해 깊이 생각하였다. 이 당시의 경험들이 그의 건축 방향을 결정지었다.

게리의 건축에서 자주 등장하는 디자인 요소인 '물고기'에는 그의 경험이 녹아 있다. 게리는 캐나다 온타리오 주의 티몬스 시 교외에서 어린 시절을 보냈는데, 거기에서 그는 다수와 대결하는 법을 터득했다. 가톨릭 이웃 사이에서 유일한 유대인 소년으로 성장했던 그는, 어린 시절에 외톨이로 지내는 데에 이골이 났다. 그의 부모세대는 성탄절조차 인정하지 않을 만큼 독실한 유대교 신자였다.

어린 시절 그의 가족은 매주 유대인 시장에 가서 살아있는 잉어를 사오곤 했으며, 게리는 그 잉어를 가지고 욕조에서 즐거운 장난을 하였다. 물론 잉어는 저녁 메뉴가 된다. 유대교 안식일에 상에 올릴 생선요리를 위해 잉어를 사와서 집안 욕조에 넣어두곤 하는 바람에, 그 소문이 온 동네로 퍼져나가서 동네 꼬마들은 방과 후에 "물고기를 먹는 대요"라고 그를 놀려대면서 집까지 쫓아오곤 했다. 이 체험은 게리의 뇌리에서 결코 사라지지 않았다.

어린 시절 게리는 수학을 잘했으며 신문을 돌리거나 보이스카우트에 가입하는 등 다양한 활동을 했고, 여학생들과도 사귀면서 행복한 시기를 보냈다. 그러나 10대로 접어들면서 점증하는 유대인 배척분위기 때문에 이런 즐거움에도 어둠이

깃든다. 그는 짓궂은 친구들로부터 '물고기'라는 풍자적인 별명을 얻는다. 그는 '물고기'가 기독교의 상징이라는 사실을 나중에야 알게 된다. 이 고통스러운 차별대우는 그의 외할아버지와 어머니에게서 받은 종교적인 영향으로부터 게리를 격리시켰다. 그래서 게리도 바르 미츠버(Bar Mitzvah: 유대교에서 행하는 13세 남자의 성인식)의 의식을 '익살극'으로 치부했으며, 고등학교 친구들과 함께 무신론(無神論)을 옹호하는 논문을 작성하기도 했다.

건축가로 성장한 게리에게는 어린 시절의 일들이 잊지 못할 추억들이었고, 프로젝트를 맡거나 강의를 하게 될 때 종종 그러한 기억을 회상했다. 외할머니의 영향으로 심취하게 된 물고기 형상은 1980년대 캘리포니아에서 건축디자인으로 나타나게 되는데, 이는 건축에 있어 하나의 전환점을 부여해주는 의미를 지닌다. 게리는 이에 대해 다음과 같이 말했다.

다른 건축가들이 그리스 신전과 같은 건물을 만들 때, 나는 화가 난다. 그러한 것은 '현대의 거부'라고 생각하기 때문이다. 이는 아이들에게 '미래에 대해 낙관할 필요가 없다'고 말하는 것과 같다. 이것이 내가 물고기를 디자인의 소재로 다루기 시작한 계기이다. 왜냐하면 물고기는 오랜 시간 동안 우리의 주변에 있어 왔기 때문이다. 물고기는 진화해온 자연의 창조물이며, 지속적인 형태이고 살아있다. 그리고 이것은 고안되거나 설계되어지지 않았다. 사실을 말하자면

처음으로 물고기에 대한 아이디어가 떠올랐을 때, 이것을 디자인의 주요한 형태로 만들고자 했던 의도는 없었다. 그것은 본능적인 것이었다.

뉴욕건축연맹의 '협동(collaboration, 1981)'이라는 전시회에서 건축가와 미술가들은 단일 프로젝트의 협동작업을 진행했다. 조각가 세라(Richard Serra)와 한 조를 이룬 게리는 현수선 구조의 다리를 제안했다. 한쪽은 추상적인 세라의 탑문(塔門)이 지탱하고, 또 다른 쪽은 뉴욕 세계무역센터(WTC)의 110층 규모를 넘는 게리가 디자인한 물고기가 지탱한다.

또한 세라의 「똬리 튼 뱀」에서 감명을 받은 게리는, 1983년에 뉴욕의 카스델리 갤러리 전시회에 물고기와 뱀 모두를 출품한다. 여기서 뱀은 모든 것을 소유한 부자의 잔디밭 위에 위치한 형무소를 상징한다. 유리로 된 물고기는 파빌리온(pavilion, 이동이 가능한 가설의 작은 건축)의 기능을 한다. "당신이 스케일에 관해 생각하기 시작할 때, 거기에는 분명한 연속성이 이미 잠재되어 있다. 지금 나는 (프랑스 님즈의 시청사에서 보았던) 악어와 함께 있다." 게리는 자신이 설계한 「레베카 레스토랑」(1986)에서 천장에 커다란 악어를 매달아 조명기구로 활용한다. 이 건물에는 물고기 램프와 문어 형태의 샹들리에도 있다.

이후에 실용성이 없는 것을 포함하여 30여 가지의 상이한 램프들이 만들어졌다. 게리는 같은 아이디어에 조금씩 변화를 주어 다양한 스케일의 개념을 창출했다. 물고기 모양은 「카라

마주(Kalamazoo) 계획안」(1981)에서는 호텔로 기능하며, 「로욜라 법대」의 교회에서는 종루(鐘樓)로, 그리고 「위스크 하우스」의 스케치에도 등장한다. 또한 물고기 모양의 고층건물인 「매디슨스퀘어가든 재개발계획」(1987), 일본 고베에 위치한 21.3m 높이의 물고기 조형물이 설치된 「피쉬 댄스 레스토랑」「바르셀로나 올림픽 경기장 주변의 대형물고기 조형물」(1992), 그리고 게리가 설계한 건물 주변과 실내 곳곳에 게리의 물고기가 실현되어 있다. "나는 항상 디자인이 끝났다는 표시로 물고기를 그리곤 했다." 물고기 모양은 이처럼 아직 설계되지 않은 기존의 오브제(object)를 대표한다.

어린 시절로부터 50여 년이 지난 후에 그는 다른 유명 건축가들과 함께 포마이카 회사의 칼라코아라는 제품을 사용하여 가구나 오브제를 디자인해달라는 의뢰를 받았다. 이 제품은 게리의 거친 마감식 디자인 취향과는 달리, 매끄러운 표면으로 되어 있었기 때문에 도저히 아이디어가 떠오르질 않았다.

그는 자포자기한 심정에서 이 플라스틱판을 바닥에 내리쳐버렸다. 그런데 우연히도 이 판은 박살이 나면서 날카로운 끝의 조각들로 깨졌다. 그 갈라진 형상과 떨어지다 만 조각들에서 착상을 얻어 게리는 물고기 비늘 모양의 표면을 만들어냈으며, 이로부터 투명 「물고기 램프 *Low white Fish lamp*」(1984) 연작이 탄생하였다. 또 이들 '파편'으로 약 60cm 지름의 똬리 튼 「방울뱀 램프」(1984)도 디자인했다. 물고기와 뱀 램프는 개당 2만 달러 이상의 값으로 지금도 잘 팔리고 있다. 이 창조적인 외톨박이는 실수를 성공으로 바꾸어 놓은 것이다.

　건축비평가를 비롯한 많은 사람들은 게리가 물고기에 대해 집착하는 것, 즉 물고기 모양의 램프, 기둥, 건물 등에서 보이는 형태에 대해 관심을 기울여 왔다. 다른 예술가들과 마찬가지로 게리는 정신분석을 사고의 보조수단으로 사용할 뿐 아니라, 상징적인 모호함에 대한 그의 인지능력을 강화하여 그로 하여금 전위(前衛)적인 것을 탁월하게 구사할 수 있도록 도움을 주는 책략으로 사용한다. 따라서 게리의 물고기가 무슨 심오한 의미나 표현을 가진 것으로 보는 것은, 잘못된 추론인지도 모른다. 이는 단순히 편의상의 상징, 즉 게리만이 그것의 잠재력을 알고 있는 비의적(秘意的)인 기호일지도 모른다.

건축수업

　트럭운전사 일을 하면서 게리는 LA 시립대학의 야간과정을 밟았다. 그러나 곧 사촌이 다니던 남캘리포니아대학(U.S.C.)에서 좀더 나은 대학생활을 하게 된다. 처음에는 대학의 여름학기 수업과 돈벌이를 위한 파트타임을 병행하지만, 정상적인 대학입학 절차를 밟아 도예(陶藝) 담당 교수에게 사사 받게 된다. 게리의 디자인 재능을 알아차린 도예 담당 교수는, 그를 건축학과 교수에게 소개하면서 본격적인 건축공부를 하도록 권했다.

　게리는 U.S.C.의 건축학교에서 본격적인 건축을 배우게 된다(1949~1954년). 그는 여기에서 대학원생 및 건축동아리의 학생들과 사귀게 된다. 그들과 함께 게리는 그의 첫 작품이 될 「할리우드 힐스 주택」 증축을 설계하기도 한다. 그들과 작업하면서 유명한 근대 건축가들인 라이트(F.L. Wright), 쉰들러(R. Schindler), 노이트라(R. Neutra)의 작품들과, 현대 건축가인 존스(Quincy Jones) 등의 작품들을 가까이 접하게 된다.

이때가 열정적인 LA의 건축 시기이다. 이 건축학교의 영향력 있는 교수들은 게리가 건축과 문화를 잇는 세심한 능력을 갖도록 해주었다. 특히 게리는 20세기 최고의 소설가인 제임스 조이스(James Joyce)를 건축적인 관점에서 주목했다. 이 학교의 친한 친구이자, 1960년대 이래 협동작업을 해오고 있는 음악에도 조예가 깊은 그레그 월쉬(G. Walsh)는 게리가 음악에 대한 소양을 갖도록 해주었다. 월쉬는 역사에도 관심이 많았고, 게리가 부족했던 문필력도 갖춘 학생이었다. 그들은 시간을 함께 보내며 깊이 있는 교감을 나누었다.

월쉬는 건축 상세(detail)에 강했으며, 게리에게 항상 창조적인 촉매 역할을 해주었다. 월쉬는 특히 일본예술에 대한 관심이 많았기 때문에, 게리의 사무실에서 「일본 미술유적 전시관」(1965)이라는 복합전시장의 설계에 참여했다. 이 전시실은 일본적인 분위기를 강하게 내뿜고 있지만, 그것은 라이트의 일본적인 은유와 유사한 게리 고유의 느낌이었다. 사실 게리의 초기 작업은 라이트의 영향을 받았지만, 라이트의 장식적인 양상은 그의 작업에서는 나타나지 않는다.

건축학교에 다니던 후반기에 게리는 그루엔 사무소(Victor Gruen Associates)에 실습을 나가 도시계획에 관한 그루엔의 독창적인 사상을 전수받게 된다(1953~1954년, 1958~1961년). 이 당시 그는 첫 부인인 아니타 스니더와 협의하여 그들의 이름을 바꾼다. 그러나 새로운 이름은 유대인에게 부적절하다는 이유로 가족들에 의해 거부당한다. 특히 아버지의 반대는 거의 절대적이었다. "내 이름 문제 때문에 아버지는 몹시 상처를 받았었다"고 게리는 회상한다.

1955년 게리는 아니타와 어린 딸과 함께 포트베닝에 정착하면서, 지루한 일들을 집어치우고 건축기반 조성에 착수했다. 그는 자신이 자주 사용했던 '라이트적인 환상'을 제거하고, 가구 디자인에 임했다. 당시 그의 가구들은 여러 곳에서 폭발적인 인기를 끌었다. 또한 골함석판(아연도금한 골이 진 철판으로 함석골판 또는 골철판이라고도 한다), 목재 베니어판, 아스팔트 지붕널(shingle)의 '가설(假設)' 구조로 만들어졌던 당시의 작품들은 1970년대의 게리 작품에 다시 등장한다.

그루엔과의 만남을 통해 도시계획에 관심을 갖게 된 게리는, 대학원에서 이를 전공한다. 대학시절의 교수 도움으로 하버드 대학 디자인대학원에 들어간 게리는, 통계사회과학을 기반으로 자신의 추상적인 취향을 건축으로 발전시켜 나갔다(1956~1957년). 그래서 그는 여러 다른 학과의 강좌도 열심히 청강했는데, 특히 갈브레이드(J.K. Galbraith) 등의 강의에서 큰 감명을 받는다.

하버드대학에서의 지적인 풍토는, 게리로 하여금 일생동안 새로운 사상을 추구하도록 자극한다. 그 당시 수업과 토론을 통해 꼬르뷔지에와 같은 유럽의 거장들과 전 세계의 역사적 건축에 대해 관심을 갖게 된다. 대학원 시절 게리는 일본계 건축가인 사사키 사무소에서 파트타임으로 일하기도 했다(1957년). 1957년 게리는 LA로 돌아온다. 그루엔과의 옛 관계를 회복하기 이전까지 게리는 페레이라·룩크만 사무소에서 근무하게 된다(1957~1958년). 당시 게리는 너무 많은 일거리로 유발된 사무소의 적당주의에 실망하기도 한다.

건축사(建築史)에 눈을 뜬 게리는 유럽에서 실제로 살아보고 싶어, 1961년 가족과 함께 파리로 이주해 1년 동안 앙드레 르몽드 사무소에서 일했다(1961년). 유년 시절 캐나다에서 불어 교육을 받았던 덕분에, 그는 쉽게 유럽의 건축을 이해할 수 있었다. 그는 르 꼬르뷔지에의 「롱샹 성당」(1955)이나 「라 투레뜨 수도원」(1959), 바로크 시대의 거장 노이만(Balthasar Neumann, 1689~1753년)의 작품들을 순례하기도 했다. 프랑스와 독일에서 로마네스크 양식의 건물들을 방문한 게리는, 이런 역사적 건축의 교육을 무시하고 있는 모교의 모더니스트 스승들에게 분노를 느꼈다. 당시 10여 년 동안 모더니즘의 규범 하에서 디자인을 해오던 게리는, 1970년대에 접어들면서 서서히 미술과 건축 간의 연계와 역사적 참조물의 표현적인 가능성을 탐구하기 시작했다. 시간이 흐를수록 게리는 '문화의 짐'을 의식하게 되는데, 이런 그의 노력은 결국 「로욜라 법대」에서 '문화'와 '역사'의 유산을 건축적으로 실현해냈다.

1962년에 게리는 유럽에서 돌아와 LA에 자신의 사무실(Frank O. Gehry & Associates Inc., 1962년~현재)을 설립한다. 1960년대에서 1980년대를 거쳐 삶의 영고성쇠(榮枯盛衰)는 계속 되면서, 건축 작업의 변화하는 위상을 그대로 반영해가고 있다. 이 기간에 많은 미술가, 조각가, 배우와 같은 예술가들을 사귀었는데, 그 중에는 이후에 게리의 후원자가 된 많은 예술가들을 소개한 심리학자도 있었다.

1970년대와 1980년대에 걸쳐 게리는 단찌거(L. Danziger), 데이비스(Ron Davis), 워홀(Andy Warhol), 존스(Jasper Jones), 로쉔버그(Robert Rauschenburg), 세라(Richard Serra), 올덴버그(Claes Oldenburg)와 같은 세계적인 예술가들을 비롯한 많은 미술가들을 건축주로 맞이한다. 그들의 미술수법은 게리의 건축방식에 큰 영향을 미치고 있다. 그러나 게리의 가장 중요한 스승은 미국 건축계의 유대계의 대부인 존슨(Philip Johnson)이었다. 1970년대 이래 게리는 이미 젊은 건축가들의 우상이었다. 그 후 30여 년 넘게 계속해서 건축 실무경력을 쌓았는데 미국과 일본 그리고 근자에는 유럽에서 공공건물과 민간건물들을 설계하고 있다.

수상, 강의, 전시

게리는 미국 문예아카데미로부터 아놀드 브루너 기념상 건축부문(1977), 건축계의 노벨상이라 일컬어지는 최고의 영예인 프리츠커(Pritzker) 건축상(1989)[1], 울프 데술상의 건축부문(1992), 일본예술협회가 '예술의 발전과 대중화에 큰 기여를 한 개인이나 단체'에게 수여하는 천황상(1992), 일생동안 예술분야에 공헌한 것을 인정받아 도로시 앤 릴리안 기쉬상의 예술부분(1994)의 첫 수상자가 되기도 하였다. 또한 미국내외 전반에 걸쳐 완공된 작품들의 다양한 수상경력에서 성공적인 설계작업을 해왔다는 것을 알 수 있다. 파리의 「아메리칸 센터」로 진보적 건축상(1991), 오하이오 「톨레도 예술학교」로 미국건축가협회(AIA) 캘리포니아지부 명예상(1992), 아이오와주의 「레이저 연구소」로 AIA 로스앤젤레스지부 명예상(1993), 캘리포니아주 베니스에 있는 「시아트 데이 빌딩」으로 AIA 캘리포니아지부 명예상(1994)을 받았다. 그리고 유럽에 최초로 완공된 프로젝트인 독일 바일 암 라인의 「비트라 디자인 박물관」으로 휴고 헤링상(1991), AIA 명예상(1992)과 체코 프라하의 「나쇼날레 네덜란덴 빌딩」으로 AIA 로스앤젤레스지부 명예상(1993)을 받았다.

그리고 게리는 AIA 특별위원 대표직(1974), 미국 예술문학아카데미 회원(1987), 로마 아메리칸 아카데미 이사(1989), 미국 예술과학아카데미의 특별회원(1991), 국립디자인아카데미 학술원회원(1994)이 되었다. 명예박사학위는 휘티어대학, 캘리포니아 조형예술대학, 노바스코티아 기술대학, 로드아일랜드 디자인학교, 캘리포니아 미술학교, 남캘리포니아 건축학교, 파슨스디자인학교의 오티스 미술학교, 옥시덴탈대학 등에서 받

왔다. 또한 남캘리포니아대학 조교수(1972~1973), 라이스대학
(1976), 예일대학 건축과의 샬로트 데븐포트 건축부문 교수
(1982~1988), 하버드대학 엘리엇 노이 석좌교수(1983), UCLA 교
수(1988~1989), 취리히 연방기술대학의 객원교수(1996~1997)
등 세계적인 건축대학에서 강의활동을 했다.

　　게리의 작품은 『뉴스워크』 『타임매거진』 『아트 인 아메리
카』 「월스트리트 저널」 「뉴욕타임즈」 「르 몽드」 「프랑크푸
르트 알게마이네」 뿐만 아니라, 중요한 전문서적과 미국 및 세
계적인 상업 잡지에 특집으로 실린 바 있다. 그의 마분지 가구
(cardboard furniture), 다양한 형태와 재료에 의한 물고기 디자
인뿐만 아니라, 설계도면과 모형들은 세계 도처의 미술관에
전시되어있다. 1986년 10월에는 월커 아트센터에서 그의 주
요 작품 회고전이 마련되었다. '프랭크 게리의 건축'이라는 제
목의 이 전시회는 미국의 미네아폴리스에서 아틀란타를 거쳐,
휴스톤, 로스앤젤레스 및 캐나다의 토론토를 순회하고, 뉴욕
의 휘트니미술관에서 막을 내렸다.

설계사무소

　　프랭크 게리의 사무소는 1962년에 개설되어 예술, 공연, 교
육, 상업, 주거 프로젝트 등 폭넓은 국제적 경험을 가진 건실
한 회사로 성장하였다. 디자인을 책임지는 게리를 중심으로,
그림프(James Glymph)와 제퍼슨(Randy Jefferson)이 함께 협동

작업하여 모든 프로젝트를 발전시킨다. 미국 캘리포니아주 산타모니카에 있는 그의 설계사무소에는 130명(2003년 9월 현재, 참고로 대부분의 건축설계 사무소 직원은 전 세계적으로 10명 내외의 규모가 평균적인데, 이 정도 규모는 대형 건축설계 사무소에 속한다)이 넘는 직원들이 있으며, 축소모형(scale model)에서 실물크기의 모형(mock-up)에 이르기까지 모든 작업을 할 수 있는 광범위한 모형제작 시설 및 제작진이 있다. 이 시설에는 견본 재료와 연구 자료가 있는 완벽한 자료 도서관이 포함되어 있다.

게리는 흐르는 액체와 같은 유동적인 스케치와 작은 모형을 가지고 설계를 진행한다. 그의 사무실은 수많은 곡면의 샘플이 있는데, 이들을 이용해서 만들어진 모형은 디지털을 이용하여 3차원적 표면으로 모델링 된다. 형태가 세워지도록 컴퓨터 그래픽이 활용되는 것이다. 그는 디자인 단계에서 반드시 전통적인 구조나 논리성을 지녀야 한다고 보지는 않는다. 게리는 다른 건축가들이 사용하는 것처럼 구조의 노출에 의한 정직성과 기술적인 엄격성에 흥미를 갖고 있지는 않다. 흐물흐물한 곡면으로 처리된 그의 복잡한 모형을 보다 정밀하게 작업하기 위해, 이곳에는 설계작업에 정교한 캐드 워크스테이션(Computer Aided Design Workstations)을 이용하고 있으며, 이를 디자인 및 기술 자료로 전환시키고 있다. 특히, 최근에는 항공산업을 위해 만들어진 3차원 컴퓨터 모델링 프로그램(CATIA)[2]을 사용하고 있다.

주된 디자인 접근방법은 게리가 지난 40여 년에 걸쳐 발전시켜 온 과정이다. 설계과정에 건축주나 최종적인 사용자가 디자인팀의 일원으로 참여하도록 하고 있으며, 설계자와 건축주간의 협동작업을 통해 그들의 의견을 반영한다. 설계작업의 첫 단계는 다양한 크기의 모형을 제작하는 것이다. 모형은 설계자와 일반인이 똑같이 이해할 수 있어, 프로젝트의 기능적이고 조형적인 이해를 돕기 위해서 실재의 건축 재료를 사용하여 모형을 제작한다. 그리고 세부단계에서 재료와 시스템, 도시적 스케일에 맞는 형태적 이미지를 동시에 고려하면서 건축주의 계획과 예산에 따라 디자인을 발전시킨다.

게리의 설계가 유명해진 것은 다양성과 개별성을 지닌 디자인 때문이다. 이것은 프로젝트의 도시, 문화적 맥락 내에서 건축주와 사용자의 목적을 통합하는 과정에서만 실현될 수 있는 것이다. 게리는 건축 재료와 건물의 시공업자들에게 오랫동안 특별한 관심을 가지고 그들과의 관계를 구축해왔다. 시공기술자들이 디자인에 직접 참여하여 프로젝트에 사용할 독특한 재료 및 컴퓨터 체계를 응용함으로써, 게리 사무소는 건축기술 분야의 선두주자가 될 수 있었다. 게리 사무소는 시방서(示方書)에서부터 현장감리에 이르기까지 전 건축설계 영역에 걸친 서비스를 제공하고 있다. 「임시 현대미술관」(1983), 「항공우주박물관」과 같은 프로젝트에서는 완벽한 건축디자인 및 기술서비스를 제공하였다. 또한 「콩코드 파빌리온」(1977)에서부터 스페인 빌바오의 「구겐하임 미술관」에 이르기까지, 그리고 「로욜라 법대」의 새로운 작업방식에서와 같이 완벽한 기술적 자료를 발전시켜 나가고 있다.

게리 사무소는 많은 국내외의 경험을 바탕으로 각 프로젝트에서 요구되는 협동과정을 완벽하게 실행하고 있다. 명쾌한 의사소통과 팀 작업방식의 중요성을 이해하고 있으며, 지역적인 경험과 전문기술 및 생산 가능성을 제공해줄 건축가와 기술자의 협동에 기초하여 국내외의 프로젝트를 전개시킨다. 그의 협력자인 제퍼슨과 그림프의 경험에 의해 이러한 협동 디자인과 기술적 생산에 대한 고려는 더욱 강화되었다. 이들은 게리와 함께 일하기 전에 페이(I.M. Pei), 펠리(C. Pelli), 그레이브스(Michael Graves), 케이피에프(KPF), 에릭슨(A. Erickson), 레고레타(L. Regorreta), 쿠로카와[黑川紀章]와 같은 세계적으로 유명한 건축가들과 일하면서 설계실무에 대해 광범위한 경험을 쌓았다. 이밖에도 재미교포 건축가 손학식 씨가 게리의 사무실에서 10여 년간 디자이너로 근무한 것으로 알려져 있다.

프랭크 게리의 건축철학과 디자인 방식

　1989년 11월 「뉴욕타임즈」에 건축비평가 골드버거(Paul Gold-
berger)는 프랭크 게리의 작품에 대해 "그의 건물은 기본적으
로 기하학적 형태와 재료 면에서 강력한 에세이를 지니고 있
으며, 미학적 관점에서 우리시대의 가장 심오하고 빛나는 건
축작품 중 하나이다"라고 평했다. 생전에 이와 같은 최고의
찬사를 받고 있는 미국건축가 프랭크 게리에 대해, 건축개념·
예술건축·다원(多元)주의·해체주의와 같은 세계적인 디자인
경향과 관련시켜 살펴본 그의 '건축철학', 그리고 작업방식·
건축 재료·가구디자인과 같은 그의 독특한 '디자인 방식'을
살펴보자.

건축개념

프랭크 게리의 건축개념은 기존의 논리와 규칙 그리고 질서를 초월하여 새로운 개념을 창출하기 위해 우연성과 영감(靈感) 등을 선호한다. 그의 창조적 디자인개념은 기존의 사고형식을 깨뜨리는 자유로운 형태와 곡선을 자연과 주변 환경으로부터 도출하고, 그 자신의 경험을 통하여 창출되었다. 게리는 탈구조주의 계열인 해체주의 건축가로 분류되고 있지만, 이렇게 평가되는 것을 만족스러워 하지는 않는다. 그것은 오랜 생활습관과 순수예술에 대한 열정에서 그의 건축이 형성되었기 때문이다. 게리의 건축개념들은 'Casa povera(완성된 것의 좋고 나쁨보다 예술적 아이디어나 제작과정을 중시하는 예술형식)'를 중시하고 있다.

게리의 건축적 배경을 세 가지로 나누어 보면 다음과 같다. 첫째, 게리는 어려서부터 유대교 집안의 종교적인 분위기 때문에 '유대인'적인 특성을 지니게 되고, 외할아버지가 운영했던 철물점을 자주 드나들면서 자연스럽게 '재료의 본성'에 대해 알게 된다. 그것이 후에 게리의 건축에서 자주 쓰이게 되는 '물고기' 그리고 '골함석판'이나 '연결사슬철망(chain link, 외구용의 쇠그물)', '목재 베니어판' 등으로 발전하게 된다.

둘째, 이민자로서 빈곤한 어린 시절을 보낸 게리에게 이른바 건물의 경제학은 최대의 관심사로 자리 잡게 되었으며, 이 때문에 게리의 건축은 '값싼 건축'을 지향하고 있고 또한 그렇게 평가되고 있는 것이다.

셋째, 건축을 순수예술로 간주한다는 점이다. 게리는 유럽을 여행하면서 수많은 미술관에서 위대한 회화와 접했는데, 이것이 그의 건축에 중대한 영향을 미친 것이다. 이 같은 태도가 그만의 것은 아니지만, '마분지 가구'에서 시작된 게리의 조소적 건축은 현대 미술가인 올덴버그와 그의 부인인 미술평론가 브루겐(Coosje van Bruggen), 그리고 조각가인 세라 등과 협동작업을 통해 일상적인 흥미의 수준을 지나 현대건축에서 최초일 조각건축을 탄생시킨다. 이처럼 게리는 새로운 것을 창조하기보다는 기존의 공간과 형태를 해체하고, 그것에 긴장 상태를 유지하면서 재구조화와 재구성을 동시에 진행시킨다. 따라서 게리는 모던이나 포스트모던보다는 최초의 종합적인 구성주의자(constructivist)일 것이다.

건축비평가인 프램톤(K. Frampton)은 반(反)건축적이고 파괴적인 게리의 건축을 옹호한다. 각각의 시대별로 건축가는 건축적 표현과 공간의 재정의에 몰입해왔다. 게리의 작품 대부분이 독특하게 보이는 것은, 현대의 공간과 형태에 대해서 공간의 재정의를 반영하고 있기 때문이다. 건축가 아이젠만(P. Eisenman)이 문화적인 참조틀 바깥에서 작업할 것을 주장한 것처럼, 게리도 이 '문화의 짐'으로부터 자유롭고자 했다. 현대건축에서 게리의 독자성은 그의 작품들이 완전히 문화적인 맥락 외부에 존재하고 있다는 점에 있다. 1970년대와 1980년대의 비평가들은 게리를 '규칙의 파괴자'로 명명한다.

그가 규칙을 파괴하는 것이 사실이라면 그것들은 또 다른 질서의 규율을 만들어낼 것이다. 게리의 건축은 모던이나 포스트모던으로 쉽게 범주화되지 않는다. 그의 작품은 기존의 기성품 영역 밖에 존재하며 자유분방하다. 비록 역사주의화하고 있지는 않지만 분명히 그의 작품들은 전통적인 '미(美)'나 '조화'를 중시했던 19세기 빅토리아시대의 속성뿐 아니라, 르네상스시대 이전의 '원시(原始)주의'에 대해서도 경의를 표하고 있다.

현대예술에 대한 게리의 대응은, 건축적인 공간의 재해석을 통해 큐비즘(cubism)의 총화된 효과를 만들어냈던 1920년대 꼬르뷔지에의 백색 빌라(villa)에서처럼, 개성적으로 비(非)물질화된 효과와는 전반적으로 상이하다. 게리의 건축은 재료의 지각을 소중히 한다. 그의 작품에 자주 등장하는 거친 목재(베니어판, 목조 프레임)와 금속(골함석판, 연결사슬철망)은 끊임없이 공간적인 불협화음을 유도한다. '추상 표현주의'와 연관되는 값싼 재료의 거칠고 강력한 디자인을 추구하는 게리의 건축은, 고급예술의 비교적인 미학을 거부하고 생경스러운 재료들만을 사용하여 형식적인 추상의 모순성을 반영했던 구성(構成)주의와 유사하다.

또한 게리는 자기 인생의 고통, 열망, 긴장을 반영하여 추함을 의도적으로 추구하면서, 유대인으로서의 인식을 점차 중시하고 있다. 그는 특히 텍스추어(texture)와 재료에 대한 남다른 관심을 보여주며, 도시문명의 파편과 '저소득 생활'에도 깊은

「게리 자택」(1978).

관심을 갖고 있다. 가끔은 풍자적이고 더러는 유머로 가득 찬 그의 작품은 빛과 희망의 요소들로 채워진다.

게리는 미스(Mies van der Rohe)나 라이트의 개방된 공간을 언급하기보다는 내부공간과 그 사용자들 간의 감성적인 상호작용에 관해 더 많이 얘기한다. 번잡한 외관과 우연적이고 불완전한 내부공간 간의 대조는 「게리 자택」(1978)에서 극명하게 나타난다. 분리된 내부와 외부의 돌발적이고 무관계한 정의는 연속적인 내외공간을 추구했던 미스, 노이트라 등과 같은 모더니스트들과는 전혀 다르다. 이점은 1960년대 중반 이후의 미국의 사회상황과도 무관하지 않다.

이 현상이 시작된 것은 러시아계 유대인인 칸(Louis I. Kahn)의 영향력 있는 두 작품, 「펜실베이니아대학 리차드 의학 연구소」(1961)와 「솔크 생물학 연구소」(1965)에서이다. 이 작품들의 입면과 외부공간은 기존의 수법으로 처리되지 않았다. 긴 벽이 건물과 대지 사이를 관통하는 것이다. 지역적인 맥락에 대해 대범한 태도를 취하면서, 구조는 주변 환경과 독립적인 관계를 유지한다. 칸의 건축형태는 뉴 브루탈리즘(New Brutalism)의 영향으로 투박한데, 게리는 칸의 공적인 자세로부터 간접적인 건축표현을 이끌어냈다. 「게리 자택」처럼 대규모 공공건물들도 칸과의 양식적인 차이를 분명히 드러낸다. 다시 말해 칸이 기념성을 추구하는 반면, 게리는 부드러운 것을 선호한다. 그렇더라도 그는 칸처럼 내성화된 공공 공간을 선택했다.

도시의 혼잡함 속에서 장소성(場所性)을 강조하는 것은 무어 (Charles Moore)의 초기 작품, 특히 「오린다의 무어 자택」(1961) 과 유사하다. 닫집 모양의 에디큘라(aedicula) 2개가 주택 내부에 끼워져 개방된 내부공간 같은 친근함을 유도한다. 알토(Alvar Aalto)가 「세이나차로 타운 홀」(1952)에서 시도한 것처럼, 무어는 「시랜치 콘도미니엄」(1966)에서 개방된 중정(中庭) 주변에 밀집된 주거 공간들을 배열했다. 상층부가 경사지게 처리된 닫집은 2층에 '보호된' 공간을 제공한다. 무어는 안식처의 이미지를 창출하기 위해 종교, 가정의 맥락 모두에서 신성함을 상징하는 에디큘라와 같은 축소화된 건축형태나 닫집을 선호한다. 또한 그의 작품들은 「크레스지 대학」(1973)이나 「이탈리아 광장」(1979)에서와 같이 연극적이고 배경화법적인 기구들을 사용해서 극적인 효과를 만들어 낸다. 무어는 내부공간의 세분화를 택했으나, 게리는 더욱 과감한 형태의 파편화를 시도한다.

고전적인 수법을 구사하는 그레이브스는 대규모 공공건물의 맥락 내에 작은 스케일의 마을을 은유적으로 제안했다. 특히 「포틀랜드 시청사」(1982)에서 그는 옥상에 일련의 작은 파빌리온들을 계획했다. 하지만 이 요소들은 건축주에 의해 거부됐다. 축소되어 실현된 마을은 일련의 작은 사원(寺院)과 건축적 오브제들로 구성된다. 사무소건물 옥상에 설치된 기묘한 회상을 유도하는 이 신성한 사원은 전혀 조화로운 모습이 아니다. 그와는 대조적으로 게리의 파편화된 집적은 확대되고 있는 핵가족과 커뮤니티, 도시공간의 단편화에 대한 불안한 대응인 것이다.

벤츄리(Robert Venturi)는 '장식된 헛간(decorated shed)'이라고 불리는 상업광고판 같은 원형적인 모델을 제안했다. 번화가의 광고판 같은 정면(facade)과 '무언의' 울타리(enclosure)는 일상적인 건축개념을 독립된 공간을 가진 평탄한 스크린으로 환원시킨다. 이 정면은 중요한 디자인 입장을 전달하며, 나머지 3개의 입면은 일상적인 오브제를 사용해서 정면의 고립성을 강조한다. 모더니스트인 마이어(Richard Meier)는 건물의 후면을 한정하는데 스크린 효과를 사용한다. 그래서 그 공간은 두꺼운 벽이나 깊은 창틀을 통해서는 인지되지 않고, 오히려 「하트포드 신학교」(1981)나 「프랑크푸르트 장식예술 미술관」(1985)에서처럼 건물과 스크린 벽 사이의 좁은 공간을 통해 인지된다. 이에 대해 게리는 골함석판, 베니어판 같은 값싼 재료들로 만들어진 스크린 벽을 3차원적인 구조로 재편성하여 이러한 최근 경향에 대응한다.

게리의 금속성 외관과 매스의 단편화, 공공 공간의 내성화,

스크린 벽의 채택 등은 무대배경 같은 환영보다는 추상미술의 영향에서 비롯된다. 그러나 건축문제에 대한 그의 대응은 항상 이론적이기 보다 애매모호하여 순박함을 가장하지만, 그렇다고 그가 반(反)지성적인 것은 결코 아니다. 그의 직관적인 방식은 이데올로기적인 프로그램에 어울리지 않는다. 게리는 지난 시절 동안 자신의 형식적인 어휘로부터의 탈출을 시도하려고 노력하였다. 1970년대나 1980년대 초반에 게리는 건설과정이나 노출구조의 표현에 많은 정열을 쏟았으나, 근자에는 추상적인 건축 오브제에 심취했다.

그의 건축은 영속적인 구축(또는 재구축)의 단계를 보여준다. 예를 들어 노출 목재 샛기둥, 연결사슬철망 울타리, 노출된 벽체 골격과 같은 요소들은 「패밀리안 주택」(1978)이나 「스필러 주택」(1980) 등에 자주 사용된다. 대신에 비틀린 기하학적 솔리드(solid)와 형상들은 경관 내에 개별적으로 배열되거나 단일의 조소적인 오브제와 '충돌'을 일으킨다. 이 '충돌'적인 건물은 「항공우주 박물관」에서처럼 연속적인 내부공간과 독특한 외부 조형요소를 가지며 단일 건물에 다양한 기능을 수용한다. 그러나 그것이 대규모 스케일로 적용된 것은 「로욜라 법대」가 처음이다. 이 형식적인 요소의 어휘들은 게리의 표현대로 '설계되지 않은' 건축, 즉 현대 문화의 텍스추어와 미국 도시의 애드혹(ad-hoc)적인 속성에서 비롯된다. 그 어휘들은 형태의 첨가나 우연한 배열에 사용된다. 이러한 게리의 포괄적인 접근방법은 자신의 '비(非)가시적인' 건축을 창출해낸다.

이것은 브루넬레스키(F. Brunelleschi, 1379~1446년)로부터 현대건축의 필립 존슨에 이르는 많은 건축가들이 탐구했던 접근 방법이기도 하다.

예술건축

흔히 건축은 예술과 구별된다. 그러나 건축은 공학(기술)적인 것과 예술(미)적인 것의 종합이라고 말할 수 있다. 건축가는 건물을 직접 만들기보다는, 다른 사람들이 건물을 시공할 수 있도록 일련의 정교한 도구를 제공하는 것이다. 건축가의 의도와 실현된 건물 사이에는 재정, 법률, 산업, 무역 등과 같은 수많은 제도적 메커니즘(mechanism)이 게재된다. 게리의 뛰어난 업적은 이와 같은 건축의 제도적 상황을 초월하는데 있다. 그는 자신의 작품에 직접성, 우연성, 즉흥성 등을 자유로이 혼합시킴으로써 미술작품과 동일시한다. 게리는 캘리포니아 예술가 동료들의 미술품이나 조각을 직접 참조하고 있다. 거기에 대해 게리는 1976년에 이렇게 말한 적이 있다.

나의 건축에 대한 접근 방법은 아주 특이하다. 나는 미술을 영감의 수단으로 사용하는 예술을 추구한다. 나는 새로운 접근방식을 선택하여 문화의 짐을 벗어버리고 싶다. 나는 개방된 방법을 원한다. 거기에는 옳고 그름이나 규칙도 존재하지 않는다. 나는 지저분한 것이나 예쁜 것 모두에 당황한다.

그는 동시대에 활동을 했으나 예술을 혐오했던 미국 건축가 라이트에는 공감하지 않는다. 그런 이유로 자신은 '건축가'임을 주장하지만, 그의 예찬론자들은 그를 서슴없이 '예술가'로 부르는 것이다.

거의 2년 동안 게리는, 자신의 캘리포니아 베니스 사무실 옆에 문이 열려 있어 수시로 드나들 수 있는 스튜디오를 갖고 있었던 미술가와 작업을 같이 해왔다. 또한 게리의 주택 인테리어를 주로 담당했던 미술가 데이비스도 그의 가까운 친구이다. 그래서 게리는 예술적인 참조를 중시하면서 그것을 문화적인 맥락 내에 포함시켜 버린다. 건물은 3차원의 오브제이기 때문에 일종의 조각이라고도 할 수 있다. 게리는 종종 건축이 그림이나 조각으로 형성된 것처럼 말한다.

나는 예술과 건축의 원천은 같다고 생각한다. 나는 건축을 시작할 때, 건축가들보다는 예술가들에게 많은 영향을 받았다. 로스앤젤레스의 예술가들이 항상 지원해주는데, 그들은 나의 지지기반이 되었고 현재도 그러하다. 나는 항상 그들의 작업에 흥미를 느껴왔는데, 그들의 생각과 시대의 표현인 미니멀리즘(Minimalism)과 팝아트(Pop art)에 연관이 있다. 시각예술과 회화를 통한 건축의 구현은 여전히 나의 관심거리이다. 회화는 눈을 훈련시키기 위한 방법이다. 우리는 눈을 통해 여러 예술가들이 어떻게 회화를 구성했는지 보는데, 이로부터 모든 시각적 연계와 생각들을 끄집어내며

때때로 그것들을 이용하는 내 자신을 발견한다. 화가 몬드리안(Piet Mondrian)의 작품은 건축가 꼬르뷔지에의 건물 입면과 창에 투영되어 왔다. 나는 이 시대의 현존하는 화가와 조각가들의 지지로 기반을 다져왔다. 나는 예술가들과 건축가들이 하는 작업에서 큰 차이를 느끼지 못했다. 하지만 나는 건축가이다.……(중략)……

어떤 색깔이나 크기, 어떤 구성을 결정할 때 결정적인 순간이 있다고 느낀다. 우리는 결정적인 순간에 도달하는 것이 다르고 최종결과도 다르다. 만일 여러분이 예술가라면 첫 번째 선을 그릴 때, 첫 번째 붓질을 할 때가 결정적인 순간인 것이다. 내가 결정을 내려야만 하는 곳, 길을 선택해야 하는 곳에는 요점이 있다. 건물에는 그러한 것들이 많이 존재하는데, 파리의 「아메리칸 센터」처럼 근본적으로 건물을 어떻게 보이도록 만들 것인가 하는 것이다. 이 건물은 내가 선택한 결정적인 순간의 집합체인 것이다. 다른 것을 모방하지 않는 한, 내 안에 있는 가치들로부터 나온 건물의 형태가 될 것이다.……(중략)……

내가 가구디자인, 전시장의 설계를 많이 하는 이유는 그것의 속도감 때문이다. 빠른 시간 안에 설계되고, 만들어져서 흥분을 자아내며, 나를 매혹시킨다.

이런 태도와 방법론은 게리의 건축실무에서 빈번히 발견된다. 가구나 램프를 디자인하는 건축가가 드문 것은 아니지만, 현대미술에 대한 지식을 게리만큼 갖추고 작업하는 건축가도

드물 것이다. 근자에 그는 퍼포먼스(performance) 예술의 무대 디자인에 심취해 있다. 게리는 다른 예술분야에도 깊은 관심을 갖고 있으며, 이를 통해 본질적으로 지적인 풍요로움 속에서 작업하고 있다.

게리 디자인의 분명한 임의성은 텍스추어와 재료, 배치에 대한 대응과정에서 도출된다. 그는 근자에 세라와 올덴버그 같은 예술가들과의 협동작업에 심취하여 상투적인 접근방법으로부터 탈출을 시도했다. 게리의 작업방법은 대부분의 건축가들보다 개방적이면서도 끊임없이 변화를 추구하고 있는데, 그의 건물은 항상 조정과 변화의 기회를 허용하며, 조형적인 형태로부터 이질적인 것으로 고통스럽게 이동해간다. 세라와 올덴버그는 항상 게리와의 협동작업을 기꺼이 수용했다. 게리는 그것을 '미지에로의 도약'이라고 불렀다. 왜냐하면 그들은 서로를 신뢰하고 있었기 때문이다.

그는 스페인의 건축가 가우디(A. Gaudi)처럼 재봉틀의 금속장식이나 깨진 접시, 불탄 벽돌 같은 '인습적'이면서도 특이한 재료들을 실험하고 있다. 동시에 독일에서 활약한 다다이즘(Dadaism)의 조형작가 슈비터스(Kurt Schwitters)가 1920년에 자택의 내부에 만든 동굴모양의 공간적인 조각 '메르츠바우(Merzbau)'에서처럼, 그의 디자인 요소에 나타나는 상징적이고 기억에 남는 가치들을 이용해 연속적으로 변화되는 표현을 구사한다. 슈비터스의 조각은 점차 구(舊)주택에로 흡수되어 들어간다. 반면에 게리는 원래 방갈로 형태의 「게리 자택」을 새

로운 껍데기 속에 집어넣는다. 게리는 공간의 재구조화와 재
구성을 동시에 진행한다. 그의 작품에 나타나는 3차원적인 건
축과 예술과의 관념적인 관계는 일종의 역설로 나타나며, 결
국 풍부한 의미로 가득 찬 건축구조물로 환원된다.

　　오랫동안 게리는 상업적인 의뢰와 시장의 규제로부터 어느
정도 거리를 유지한 채 작업해왔다. 만약 그와 그의 동료들이
미술세계에서 중요한 위치를 점유하고 있다면, 그것은 미술계
를 보호하기 위해 예술적인 방식으로 자유를 추구해온 때문일
것이다. 게리는 자신의 상상력을 신뢰하고 있다. 즉, 그는 언
제나 인습이나 보수주의보다 '까다로운 작업'을 골라 해왔다.
이렇게 볼 때 게리는 앞으로도 예기치 못한 독창적인 작품으
로 세상을 계속 놀라게 할 것이다.

다원주의

　　'다원주의(pluralism)'는 혼돈을 초래하는가, 또는 오늘날의
세계가 모순됨을 반영하는 것인가?

　　　다원주의는 현시대의 중요한 특성이며, 또한 미국적인 방
　식이다. 이것은 개성적인 표현으로서 회화나 조각에 나쁜
　영향을 주지 않았고, 문학에서도 그랬고 건축에서도 마찬가
　지이다. 나는 다원론이 훌륭하다고 생각한다.

이것이 다원주의에 대한 게리의 생각이다. 게리는 레이트모던(late-modern)식의 공업재료를 사용하여 포스트모던(post-modern)식의 복잡한 공간을 개발했다. 그것이 애드혹적인 것인지, 펑크(punk)인지, 구두쇠 미학(cheap-skate aesthetics)인지, 우발적인 것인지에 대해서는 의문을 던지지 않을 수 없다. 그는 건축이 예술이라는 차원에서 개성적이고 자유로운 창의력을 구사해 기괴한 형태언어를 동원하기도 하고, 때로는 보편화된 일반 재료와 토착적 공법을 써서 지역(地域)주의적 경향도 나타냈다. 게리는 폭넓고 제한 없는 선택으로 다양한 다원적 건축을 창출해내고 있다.

"다니엘 분(Daniel Boone)이 낫겠군요." 건축비평가인 젱크스(Charles Jencks)가 게리에게 어울린다고 생각되는 온갖 별명을 생각해낸 끝에 한 말이다. 그때 젱크스가 말한 것들을 들자면, 즉흥적 산업주의자, 미국 건축가인 고프(Bruce Goff)의 후계자, 골함석판의 레오나르도(Leonardo da Vinci), 조명의 말레비치(K. Malevich), 비추론적 형상의 로드첸코(A. Rodechenko), 연결사슬철망의 찰리 채플린(Charlie Chaplin), 지나치게 정신분석된 유대 장인, 산타모니카의 고결한 야만인, 미완의 완성을 추구하는 선(禪) 구도자, 최초의 해체주의자 등이었다. 게리의 문제는 항상 그에게 너무 많은 꼬리표가 붙어 다닌다는 것이다. 게리는 젱크스가 『괴상망측한(bizarre) 건축』이란 책에서 분류해보려 했던 여러 건축가들과 마찬가지로 잘 분류되지 않는다.

'건축적 첨가(supplement)'는 단순히 다른 것에 덧붙여져 존재한다기보다는, 그 자체가 본체의 것으로 인식될 수 있다는 가능성을 배제하지 않는다. 첨가에 있어 하나의 전략은 옛날 건물의 형태와 재료를 적용하고 재생산함으로써 새롭게 작업한 부분을 감추는 것이다. 새로운 상황에 맞게 '기존의 건물'에 첨가되기 때문에, 원래 존재하는 것과 새로 첨가되는 것의 경계는 흐릿하다. 그것은 주위 환경으로부터 나오며 전체 대지를 조직화하기 위한 전략으로 사용되어진다. 이에 대해 게리는 다음과 같이 설명했다.

나는 옛것과 새로운 것이 서로 흐릿하게 섞이는 것을 원한다. 나는 건물이 계속 건설 중이라는 느낌을 강조함으로써 '신선함'을 유지하는 것에 관심이 있다.

내가 가장 좋아하는 것은, 건축물을 쪼개어 가능한 한 많이 고립된 부분으로 만드는 것이다. 하나의 이념이 존재하는 집 대신에, 10개의 이념들이 존재하는 집을 계획하는 것이다. 따라서 건축주에게는 10가지 이미지를 가지고 주택을 구성할 수 있는 더 많은 기회가 제공된다. 이런 이미지들은 당연히 그들이 선호하는 사상이나 장소감(場所感), 추억 같은 모든 상징물들과 관계한다. 나는 건축주에게 보다 많은 어휘들을 제공하고 싶다.

전체적으로 볼 때 게리가 추구하는 다른 방식과 같이 '미완성의 미학'은 또 다른 가치이다. 게리의 의도는 생산과정의 독창성을 시각적으로 명백히 나타낸다. 일시적인 미완성의, 그리고 여러 가지로 섞여진 즉흥적이고 표현적인 연출을 하는데서 성과를 얻고 있으며 새로운 가능성들에 넓은 지평을 열고 있는 듯하다. 이는 건축의 과정이 중단되고 미완성의 상태로 있는 것처럼 보이게 하여, 지어지는 과정인지 해체되는 과정인지를 구별하기 어렵게 했다.

나는 건물이 건물처럼 보이는 것에 반대한다. 나는 그것에 일종의 상이한 오브제를 제공하고 싶다.……(중략)……
나는 미완성인 것에 흥미가 있었던 것 같다. 나는 어떤 건물에서도 그렇게 시도하길 원했다. 노출되어 드러난 구조체는 작업 중인 것 같은 느낌 때문에, 항상 완성된 건물보다 더 새롭다.

건물들은 완전한 영구성을 추구한다기보다는, 오히려 주어진 순간들을 구체화하므로 의미를 찾으려 한다. 이들 방법은 게리에 의해 건축과정의 순간, 예감, 구성과정, 덧씌우기 또는 도시의 성장을 표현하기 위해 쓰였다. 이런 게리의 생각이나 방식은 벤츄리의 포스트모던적인 양자공존(both-and)개념과도 관계가 있으며, 경우에 따라서는 혼성적(hybrid) 표현에까지 확장되었다고 볼 수 있다.

해체주의

1980년대 이후 건축디자인 경향의 선구이고, 또한 그것을 대표하는 건축가가 프랑크 게리이다.

첫째, 게리는 해체주의적인 형태처리, 즉 정합적(整合的)이고 완결적인 형태의 철저한 배제와 그를 대신하는 사선, 대각선, 예각적 형태를 사용했다. 그렇게 함으로써 과거 건축에서는 얻을 수 없었던 단편적이고 파괴적이며 미완성의 이미지가 달성된다. 존슨은 이런 경향의 작품들을 해체주의란 이름으로 묶어 1988년 뉴욕근대미술관(MOMA)에서 화려하게 '해체주의 건축(Deconsructivist Architecture)'이란 전시회를 개최했다. 이 전시회로 해체주의는 중심적인 디자인 흐름으로 주목받게 된다. 이 전시회의 주역이었던 7명의 해체주의자 중에서도 게리는 연장자였고, 또한 그의 1970년대 후반 작품들은 모두 그 시기가 다른 건축가들의 작품보다 앞서고 있다.

두 번째는 공업적 소재의 사용이다. 즉, 과거의 민속적 토착성을 대신하는 일종의 공업적 토착성(Industrial vernacularism)의 추구이다. 이 경향 자체는 초기 모더니즘 골격의 하나였으나, 1980년대 이후 그 급진적인 부활을 제시한 것은 역시 게리이다. 골함석판, 연결사슬철망, 미송합판, 노출된 2×4인치의 목조 프레임과 같은 공업적 소재의 사용은 세기말 건축의 추세인데, 그 모두가 게리라는 선구자가 아니고서는 생각할 수 없었던 것이다.

세 번째로 한 가지 덧붙인다면, 해체주의와 공업적 토착성이 실은 20세기 픽처레스크(Picturesque)[3]의 두 가지 요인인 것이다. 과거 18세기의 픽처레스크가 '자연으로의 회귀'를 부르짖으며, '불규칙한 형태'와 '자연의 소재'를 채용한 것처럼, 20세기의 픽처레스크는 해체주의를 채용하여 제2의 자연이라 할 수 있는 공업적 소재 군을 건축에 도입한 것이다.

건축적인 이미지에서 볼 때 게리의 작품은 1920년대 러시아 구성주의(Constructivism) 정신과 유사하다. 건축디자인에서 구성주의는 최근 미술과 조각에 대한 활발한 논쟁거리를 제공하고 있다. 예를 들어 말레비치(Kazmir Malevich)와 같은 신비하고 추상적인 기질은 러시아 예술가들의 큐보 미래주의(Cubo-Futurism)로 충만하였는데, 1917년의 러시아 혁명을 계기로 활발한 논쟁이 촉발되었던 것이다. 그들은 고급예술의 비교적인 미학을 거부하고 원시적이고 생경스러운 재료들만을 사용했다. 타틀린(Vladimir Tatlin)의 「제3 인터내셔널 기념탑」(1920), 로드첸코(Alexander Rodechenko)의 「키오스크」(1920), 멜리니코프(Constantine Melinikov)의 파리장식예술전시장을 위한 「소비에트 파빌리온」(1925) 등은 모두 이런 형식적인 추상의 모순적인 함유물을 반영하고 있다. 값싼 재료의 거칠고 강건한 연출과 신비로운 디자인을 추구하는 게리의 건축은 논쟁을 무시한다면 러시아 구성주의자의 그것과 유사하다. 자의식적인 원시주의와 회화적인 공간의 환기를 추구하는 게리는 타틀린이나 꼬르뷔지에를 추종하기보다는 20세기 후반의 캘리포니아를 모더니즘으로 물들인다.

　해체주의적 건축가인 게리는 자유롭고 유머러스한데, 해체
이론에도 얽매이지 않고 조각적인 건축물을 즉흥적으로 창조
해오고 있다. 그의 해체방법은 기존의 건물을 깨뜨려 부분으
로 하면서 자신의 작품 요소는 미완성의 거칠고 조잡한 표면
으로 하여, 그의 '마분지 가구'에서처럼 거칠고 푸석푸석한 표
면의 미학적 가치를 만들고 있다. 게리는 영감에 의존하여 멋
진 물건을 바닥에 던져 쪼개거나, 조각난 모서리가 예리한 물
체가 되도록 해체시켰다. 반(反)고전주의적 형태, 깨짐과 변형,
'물고기의 스케일은 건물에 적당한 것'이라는 익살스러운 말
은 같은 유대계 건축가 아이젠만의 방식과 상통하는 복잡한
인종학적 태도에서 유래되었다. 이런 감각에서 그의 작품에
나타난 '물고기'는 해체주의 건축의 완벽한 상징이다.

　철학자 니체(F. Nietzsche)식으로 볼 때, 건축가가 그들의 스
타일이나 장식의 선택을 결코 설명할 수 없다면 왜 물고기는
안 되냐는 것이다. 따라서 게리는 우리의 모든 가설을 해체하
며 건축형태에는 절대적인 기반이 없다는 것을 보여주는데,
그의 해체는 일종의 '극단적 모더니즘'이다. 「Beyond Utopia」라
는 기록영화에서 게리는, 포스트모던의 대표적 건축인 그레이
브스의 「포틀랜드 시청사」를 로널드 레이건식의 제국주의적
건물이라고 말하면서, 여기에 나타난 보수적인 경향에 대해
의문을 제기하고 있다.

　게리는 창조적 부정이라는 수법으로 창작을 수행하곤 한다.

그는 기존의 전형적인 것을 취해서 반전시키며, 이러한 부정의 귀결로 새로운 건축의 원리가 드러나곤 하는데, 비판적 분석의 방식과 더불어 철학자 데리다(J. Derrida)의 탈구조주의와 관련이 있는 이 방식은 이미 포르피리오스(D. Porphyrios)의 '고전주의는 양식이 아니다(Classicism is not a Style)'라는 글 등에서 언급된 적이 있다. 부정을 통한 정의는 아무런 긍정도 말해주지 않을지 모르지만, 이는 긍정을 이끌어내는 역할을 한다. 그리고 이것은 뒤샹(M. Duchamp)이나 다다, 혹은 팝아트 예술가들이 구사하는 변증법적 방법이기도 하다.

게리의 게리의 작품들 대부분은 「게리 자택」이래 반전을 거듭해, 통상의 작업에선 감춰지기 마련인 어설프고 서투른 내부의 여러 충돌을 해체하고, 껍질을 벗겨내고 드러내 보인다. 분석은 어떤 이념이나 주제 혹은 미적인 것으로 통합되지도 않으며, 세상을 좀더 좋게 바꾸려는 노력도 하지 않는다. 분석은 단지 반(反)자율적인 상태로 작용하는 부분들을 보여줄 따름이다. 그러나 이 방법은 의미 있게 체험되는 하나의 덩어리를 만들어낸다. 게리는 최근에 3-4백만 달러나 되는 주택들을 해체하고 있다. 여기에서 그는 고전적인 박공(牔栱)을 벗겨내고 이상한 모양의 직사각형을 격자에 어긋나게 배치함으로써 전체적인 균형을 깨뜨리고 있다. 이들 주택의 일부가 고전적 대용품을 사용하고 있다는 사실만으로는 이런 비판적 해체를 부분적으로밖에 설명하지 못한다.

또 다른 동기는 긍정적인 데 있다. 그것은 대비효과를 조성하고 더 작은 스케일로 분할하고 부조화에서 우러나오는 즐거움을 주는 것이다. 적절성과 전체성이 고전의 덕목이었다고 한다면, 게리가 채택한 덕목은 기괴함과 부조화이다. 그러나 이러한 변증법적 대극은 필연적인 연관이 있는 것으로 보아야 한다. 왜냐하면 게리가 해체한 그 대극, 즉 기존의 완결된 '완성' 없이는 이런 작업이 완전해지지 않기 때문이다.

작업방식

나의 직관(直觀)은 항상 세상을 이해하는 방법을 생각해 왔고, 이를 낙관적으로 다루어 왔다. 나는 이것을 변화시킬 수 없다는 것을 알기에 변화시키려고 시도하지 않는다. 그래서 나는 끼워 맞추거나 동시에 간섭하려고 시도한다. 모든 기술적인 문제를 푼다는 것은 지적(기술적) 능력의 훈련이다. 이런 것들은 내가 생각하는 것과는 다른 부분이다. 단지 나와 다른 것일 뿐 중요하지 않다는 것은 결코 아니다. 그리고 나는 모든 문제를 푸는 것 이외의 가치를 만든다. 이는 전후관계(배경)와 건축주(외뢰자)를 접하고 문제를 이해한 후에 나의 결정적 순간을 찾는 일이다. 만일 당신이 우리의 진행과정(신념의 과정)을 주지한다면, 당신은 건물의 실리적인 해결법을 보여주는 모델을 찾은 것이다. 그래서 당신은 최종 계획으로 이끄는 연구모델을 본다. 우리는 형태들과 조각적 외형으로 건축을 시작한다. 그 이후에 기술적인 것들을 작업한다.

게리는 다른 건축가들과는 다른 작업감각을 가지고 있다. 앉아서 너무 많은 생각을 하기보다, 직관적으로 작업하면서 프로젝트나 사람들에 대해 많은 것을 얻는다. 모형(model)을 가지고 뭔가를 만들어보고, 어떤 형태를 시도해보거나 포기하고, 관찰하고 작업하는데서 천천히 조금씩 발전하게 된다. 너무 의식적으로 계획하면 작업을 즐길 수 없고, 어떤 흥분을 발견할 수 없게 되어 결국 좋지 않은 디자인을 낳게 된다는 것이다.

때로는 건축주가 설계 작업이 얼마나 진행되었는지 궁금해하지만, 어떤 지점에 도달했을 때나 어떤 선택을 했을 때야 비로소 그 디자인 과정과 개념에 대해 설명해줄 수 있는 것이다. 건축주를 위한 건물을 지을 것이라면 그들이 좋아하는 것, 그들이 들인 돈을 가치 있게 해주는 것, 그들의 목적에 봉사해야 한다는 것이다. 게리는 다른 건축가들보다 더 많이 건축주와 토론하고 있다. 건축주의 프로그램을 묻고 그들의 의도를 알게 되면서 건축주와의 강한 유대관계를 맺고 발전시킨다. 결과적으로 건축주들은 프로그램과 자신이 원하는 것에 대해 더욱 많이 생각하게 되고, 이 때문에 그들이 참여하면 할수록 더욱 긍정적인 결과를 얻을 수 있게 되는 것이다.

게리는 어떠한 표현이 적합한가라는 관점에서 건축주의 프로그램을 이해하고 그것을 재평가한다. 프로그램과 씨름하기

보다는 디자인의 우선순위를 결정하는 일에 심혈을 기울인다. 그 후에 정해진 예산 내에서 기능적이면서도 특별한 시각적 특성을 가질 수 있도록 작업한다. 그가 하고자 하는 것은 프로젝트의 잠재성을 발전시키는 것이다.

건축을 행하는 과정은 일련의 아이디어와 설계도면을 통해 작업하는 것이며, 이것을 완성시켜 시공파트로 넘기는 것이다. 나는 왜 건축이 그토록 정확하고 완결적인 경향이 있는지 알 수 있다. 거기에 직접 손을 대거나, 또 재료들을 가지고 실제로 작업해보지 않고, 도면상으로 얻은 이해는 건물의 시스템과는 매우 다르기 때문이다. 나는 대규모 건축사무소에 앉아서 몇 년 후에 냉소적으로 되기보다는, 차라리 건설현장에 나가 실제로 지어보는 것이 훨씬 좋다고 생각한다. 그것이 일을 배우는데 있어 좀더 진취적이고 바람직한 태도이다.

건물을 지을 때는 컨텍스트(context: 주변의 환경이나 건축적 맥락에 맞춰 조화 있게 설계하는 방식), 예산, 건축주 등의 실제적인 과정이 있다. 건물을 설계할 때 스케치를 통해서 이러한 작업을 하는데, 두세 가지 정도 다양한 크기의 모형을 동시에 사용한다. 몇몇 건축가들은 유명한 포스트모던 건축가인 그레이브스처럼 설계도면에 너무 집중하여 건물보다는 설계도면이 더 아름다울 때가 종종 있다. 그러나 게리가 관심을 가지고 있는 것은 최종적인 건물이다. 이와 같이 사용자 참여의 설계 방식과 건설현장을 중시하는 태도가 게리가 추구하는 작업방식인데, 특히 설계과정에서는 모형작업이 대단히 비중 있게 다뤄지고 있다.

건축 재료

게리의 건축은 재료의 지각성(知覺性)을 소중히 한다. 게리가 사용하는 건축 재료는 실제로 평범하고 값싼 것들인데, 고급 건축시장과는 무관한 골함석판, 연결사슬철망, 목조 프레임이 그것이다. 골함석판이 게리 작품에 처음 등장한 것은 로스앤젤레스의 빌리 벵스톤 미술전시회(1968)에서였다. 벵스톤의 스튜디오 분위기를 재현하기 위해 채택된 이 재료들은, 1980년대 이후의 게리 작품에 전면적으로 등장한다. 근대화 이전의 목재 프레임 조립구조 양식이라는 '벌룬 프레임'[4] 건축은 미국 북부도시들의 급격한 발전에 기여하였으며, 오늘날에도 여전히 미국 주택 시장의 60% 이상을 점유하고 있다는 것이 게리의 생각이다.

게리는 평범한 건축 재료를 사용하지만, 화려하게 과장하고 급진적인 배치를 통하여 개성 있게 처리하고 있다. 그의 작품은 탐험, 과장, 보편성의 구체화라는 세 가지 건축의 의미에 따라 논의될 수 있다. 즉, 지각(知覺)적 요소의 사용, 건물요소의 분산과 집합, 건설의 과정을 드러내기와 같은 함축적인 쟁

점들이 그것이다. 객체와 주체와의 관계, 형상과 배경의 설명, 그리고 기존성과 독창성의 차이 등이 있다. 공간에서 객체의 지각을 사용하는 것은 근본적이고도 단순한 '지각하는 자'와 '지각되는 것'의 이분법적 논리에 도전하는 것이다.

게리의 디자인에서 보이는 충격적인 병치는, 주름잡힌 금속의 골함석판과 거친 목재 베니어판과 같은 일상적인 재료들을 특이하게 조합하는데서 기인된다.「론 데이비스 주택겸용 스튜디오」에서와 같이 부자연스러운 결합은 금속과 목재 간의 충돌을 유발시킨다. 일상적인 보호물처럼 골함석판은 건물외부에 사용되지만, 내부에는 따뜻한 느낌의 목재 패널과 노출보가 사용된다. 획일적인 외관과 자유로운 내부공간에는 목재 계단과 다락방이 추가되어, 그 대비를 순화시킨다.

하이테크(high-tech)와 로우테크(low-tech)는 모두 미국, 특히 캘리포니아적인 표현이다. 이 진보적인 기술에 대한 자부심과 자율적인 접근 방법을 공존시킨다는 것은 쉬운 일이 아니다. 20세기 초반의 그린(Charles & Henry Green)의「갬블주택」(1909)은 수공예적 오브제인 반면에, 노이트라(R. Neutra)의「본 스텐베르그 주택」(1935)은 효율적인 기계의 현시였다. 하지만 게리는 단일구조 내에 편안한 표현과 거친 표현을 병치시켰다. 비상업적인 건물 유형에 평범한 재료를 특이하게 병치시키는 이 방법은, 자신이 건축주였기 때문에 고도의 실험이 가능했던「게리 자택」의 연결사슬철망에서 개성적으로 표현되는데, 이것은 더욱 광범위하게 사용되어 게리 후기작품의 특성이 된다.

그의 자택에서 게리는 일련의 투명한 스크린을 만드는데 그 방식을 사용한다. 그 의도적인 추함은 얇고 부드러운 거미집 모양으로 표현된다. 그는 연결사슬철망을 「카브릴로 해양박물관」(1979)이나 「산타모니카 쇼핑센터」에서 더욱 광범위하게 사용한다. 최근에 환경조각가인 어윈(R. Irwin)은 시애틀에 있는 그의 작품 「퍼블릭 세이프티 건물 광장을 위한 9개의 공간과 나무」(1983)와 샌디에이고의 「캘리포니아대학을 위한 두개의 달리는 V형의 보라색 형태」에서 다채로운 연결사슬철망을 공간을 한정하는 요소로 사용한다. 1976년 초반에 게리는 롱비치 공원의 가로 조각품을 위해 연결사슬철망을 제안한 바 있다. 게리의 오랜 친구인 어윈은 「산타모니카 쇼핑센터」를 방문한 후, 연결사슬철망의 사용방법을 게리의 사무실에서 배웠다고 한다. 그때 게리는 어윈의 면직물 작품에 깊은 인상을 받았다. 어윈의 면직물과는 다르지만 게리의 연결사슬철망도 직물의 속성을 갖고 있다. 이런 고급 예술의 적용을 통해 우리는 꼬르뷔지에가 콘크리트에 대한 반(反)작용을 환기시킨 것과 같이, 연결사슬철망을 산업적인 추함과 연관시키는 시도를 볼 수 있다.

가구디자인

어느 날 나는 건축모형의 등고선(contour)을 보다가 마분지의 켜를 생각해냈다. 나는 그 쉘(shell)모양의 입면을 보고 무척 흥분했었다. 나는 그것을 미학적인 기회로 간주하고 책상을 만들었다. 그러나 이 가구는 실제로 너무 무거웠기 때문에, 어떻게 그것을 가볍게 만들 것인가에 몰두했다. 그것들은 모두 과학적으로 행해졌다. 그 결과 우리는 가구용 마분지의 대량생산 체계를 만들 수 있었다.

게리는 끊임없이 가구를 디자인해온 개성적인 자신의 과거를 회상한다. 게리가 처음 디자인한 가구는 군(軍)복무 시절 설계한 접히는 변소였다. 남캘리포니아대학(U.S.C.)의 건축학교에서 교육을 받은 게리는 포트베닝에서 처음 이 일을 하게 된다. "그들은 나에게 현장 조립식 가구인 야외 변소 설계를 요구하였다." 또한 군대의 독서실 및 오락실을 위해 게리는 목재 부재들을 사용해서 내부공간을 꾸몄는데, "그것은 수직으로 세워진 쇠막대 기둥을 가진 매우 라이트적인 것이었다"고 말한다.

게리는 건축학교를 졸업할 당시 일본문화의 영향을 받았다. 게리는 기예(技藝)의 전통에 몰두하여 커다란 명성을 얻은 바 있었는데, 예를 들어 1964년에는 티크와 오크 나무를 잘 다듬어서 로스앤젤레스의 「페이스 플레이팅 회사」(1964)를 아름답게 리노베이션(renovation) 했었다. "나는 당시 그루엔 사무소에서 고유의 기예를 간직하고 있던 한 건축가로부터 많은 배움을 얻었다. 페이스 플레이팅의 벽 위와 아래에는 나무 띠가 둘러져 있었다. 또한 회의실의 테이블 위에는 미닫이문이 달린 넓은 목재 선반이 매달려 있었다. 가구는 건축의 일부로 존재하는 것이지 독립된 오브제로만 존재하는 것은 아니다. 그것이 바로 일본풍의 물질성(物質性)이었다"고 게리는 말한다. 그것은 또한 1950년대 덴마크 가구디자인의 정신과도 일맥상통하는 것이었다.

게리의 명성을 국제적으로 처음 알려준 것은 그의 건축물이 아니라 '마분지 가구'였다. 1972년에 마분지로 만든 「간편한 에지 *easy edge*」(1971~1982, 재료는 라미네이트 소재의 주름진 마분지와 압축섬유 – 작품은 락커, 의자, 테이블)가 주요 일간지와 백화점을 통해 발표되었다. 이 작품은 사람들의 관심을 끌기에 충분한 것이었다. 주름잡힌 마분지는 매력적이고 예기치 못한 작품이었다. 쓸모없는 재료를 가지고 미국가정에 어울리는 개성적인 가구를 만들어 낸 것이다. 이 가구가 매력을 끄는 요인은 대개 층화(層化)된 형태를 표현하고 있기 때문이었다. 코르덴(corduroy)이나 나무를 소재로 만든 이 마분지는, 목재의 느낌을 준다. 1972년에 생산된 7달러짜리 식탁용 의자는 37달러에 소매로 판매되었다.

그 후 게리는 공공주택에 사용할 가구의 실용성에 관심을 갖고 있었던 뉴욕 도시개발위원회로부터 많은 편지를 받았다. 캘리포니아의 어떤 회사에서는 본사 건물에 사용할 가구디자인을 부탁해오기도 했다. 그러나 시장에서 석 달 동안 갑자기 세일을 단행하는 바람에 게리는 이 설계를 철회했었다. "나는 그로 인해 충격을 받고, 몇 주 동안 방에 틀어박혀 있었다. 나

는 건축가지 가구디자이
너가 아님을 다시 한번
깨달았다. 나는 주저 없
이 그 작업을 중단했다."
가구에서 실패를 경험한
게리는 다시 건축에 몰
두하여, 그로부터 10년 만

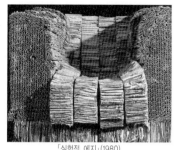

「실험적 에지」(1980).

에 미국 건축계의 선두주자가 된다. 그러나 게리는 건축에서의
성공에도 불구하고 가구 특히, 마분지의 매력에서 벗어나지 못
한다. 그래서 게리는 덜 상업적인「실험적 에지 *experimental edge*」
(1979~1990, 재료는 라미네이트 소재의 주름진 마분지 - 작품은
가구연작)로 가구디자인의 복귀 무대를 갖는다.

　건축가 그로피우스(W. Gropius), 매킨토시(C.R. Mackintosh)
의 의자들처럼 게리의 마분지 가구도 개념적인 메시지를 전달
하면서 자신의 건축적 개념의 발전에도 기여했다. 게리는 항
상 값싸고 가공하지 않은 '까다로운' 재료를 즐겨 사용한다.
'쉽게 버릴 수 있는' 재료를 '디자인'의 재료로 변형시키는 게
리의 연금술에서, 가공치 않은 원자재의 속성은 계속 유지된
다.「간편한 에지」로부터「실험적 에지」로의 디자인 과정에
서, 게리는 시장성을 별로 중요시하지 않았다. 때문에 값싼 재
료를 사용했음에도 불구하고, 그것은 화랑(gallery)의 전시작품
이 되었다.

　그의 가구와 건축의 상상력은 임즈(C. Eams)의 의사들처럼

상품대에 진열되기보다는, 전문적인 미술계와 예술애호가들에게만 호응을 얻었다. 따라서 게리는 자신이 공공의 선(가장 값싼 물건의 제공)을 위해 상업주의와의 진지한 타협이 필요함을 깨달았다. 그러나 게리는 "그렇더라도 모든 세대의 바이어들에게 다양한 취향과 사회, 경제적 배경을 인식시켜 주어야 한다. 나는 이러한 반(反)상업주의를 지지한다. 나는 양식(樣式)과 싸우기 보다는, 양식 그 자체에 대항한다"고 말한다.

게리는 예술가들과 함께 마분지의 강도, 크기, 유용성 및 단가를 연구했다. 아직도 게리는 자신이 첫 번째로 디자인한 가구를 갖고 있다. 그의 사무실에 놓여 있는 책상이 바로 그것이다. 게리는 "모든 사람이 그것을 코르텐 마분지라고 불렀다. 그 책상의 측면은 마분지 결이 그대로 노출되어 있다. 책상 위에 흰색 플라스틱판이 덧 씌워져 있을 뿐이다. 그 책상의 매력은 대단했다"고 말한다. 이 책상 이후에 게리는 5cm 두께의 직각 마분지 상자로 제작된 서류 보관함을 만들었다.

뉴욕의 '이브 생 로랑(Yves Saint Laurent)' 지부장은 이 가구에서 감명을 받고 제작을 후원하게 되어, 게리도 본격적인 생산을 하게 된다. 그는 계속해서 격증하는 사업모임에 많은 시간을 소비했고, 디자인에 대한 저작권 사용료도 받으면서 거의 1년 동안 상업적인 가구 제작에 몰두했다. 게리는 "이 가구는 1972년 4월 시장에 전시된다. 몇 주내에 나는 미국의 모든 일간지에 이 작품을 발표할 것이다. 나는 어떻게 대중들이 그것을 받아들일 것인가에 큰 관심을 갖고 있다. 그러나 반대로 나는 내가 계속 파멸되어 감을 느끼고 전율했다. 나는 가구에 관한 한 스타였다. 그러나 역으로 가구는 나를 괴롭히기도 했다”고 고백한다. 마침내 그해 6월 게리는 또 다시 가구제작을 중단했다. 그의 철회는 그에게 마음의 상처를 남겼다. “그것을 죽이는 데만 1년이 소모됐다. 나는 특허권을 팔기 위해 많은 모임에 나갔다. 그것은 아주 고통스러운 일이었으며, 그 후 몇 년 동안 가구디자인에는 손도 안 댔다. 그러나 그것조차 나의 판단이었다”고 게리는 덧붙인다.

게리는 「조셉 마그닌 상점」(1968)을 위해 처음으로 주름잡힌 마분지 가구를 만든 이래, 20여 년 가까이 이 가구를 만들고 있다. 1979~1982년에 이르는 기간 동안 마분지의 연구는, 판지의 연결에 평행한 홈을 사용하는 것으로 진행되었다. 그로 인해 노출되는 불규칙한 표피는 「간편한 에지」 때보다 더 노골적으로 드러난다. 이것이 「실험적 에지」라고 불리는 굵은 홈이 파인 마분지 뭉치다. 이 연작물은 이제까지의 노력을 결산한다. 세로 홈은 커지고 에지는 거칠어지고, 전체 모양은 과장되었다. 안락의자의 팔걸이는 커지고, 등 받침은 높아졌다. 그리고 주름잡힌 판지들은 더욱 많이 겹쳐진다. 우아한 직선형을 고집했던 「간편한 에지」와 달리, 이들 판지들은 솔리드하다.

30여 년 동안 게리는 건축과 가구를 거의 동일시했다. 그는 상업과 예술영역을 자유로이 넘나드는 디자인을 했다. 그의 마분지 가구는 가구를 디자인하지 못하는 건축가로부터 미술

「물고기 램프」(1984).

에 재능이 없는 건축가에 이르기까지, 그들을 능가하여 작품의 혁신을 가져오고 있는 게리를 이해할 수 있는 최적의 예이다. 언제나 건축가인 그는 복합성과 모호함 속에서 기이함과 생경스러움을 끊임없이 추구하고 있다. 첫눈에 우리를 사로잡는 이 가구들은, 물질성을 예술적으로 탐구하면서 구축이나 재구축의 생성과정을 알려주는 오브제이기도 하다. 최근에는 재현(再現)적인 이미지가 그의 디자인 주제로 등장했다. 가구디자인과 물고기의 이미지는 모든 단편들에 스며들어 있다. 거기에는 재현적인 사상과 재료간의 흥미로운 긴장이 존재한다.

「간편한 에지」「실험적 에지」그리고「물고기 램프」(1984, 재료는 철사, 나무, 백열등),「바구니 뱀」(1984, 재료는 철사, 바구니, 백열등),「*Pesce Grande*」(1986, 재료는 목재 베니어판, 금속, 유리) 등이 게리의 가구디자인 중 주요작품 목록이다.

프랭크 게리의 ^{주요 건축작품}

「론 데이비스의 주택겸용 스튜디오 *Ron Davis Studio & House*」(Malibu, California, USA, 1972)

게리와 건축주인 화가 론 데이비스는 건축과 예술의 공통 관심사를 반영하여, 그림의 주체인 지각적 환상을 대지의 특징 속에서 만들어가며 커다란 스튜디오 공간 속에 주택을 함께 지었다. 이 건물은 대지와 환경의 조망에 기초를 두고 있어, 사다리꼴의 평면과 입면은 투시적으로 과장되게 보인다. 한쪽 모서리까지 9m나 되는 지붕경사는 바다와 산이 보이는 창문틀과 비스듬하게 놓여있다.

「론 데이비스의 주택겸용 스튜디오」에서 게리는 미술과 건축 간의 독특한 관계를 보여준다. 인습적인 직각의 건물에서 우리는 직사각형이 사다리꼴로 보이는 것을 경험한 적이 있을 것이다. 우리가 볼 수 있는 것은 어느 정도 원근법이 내재되어 있는 모양일 뿐이다. 그것은 건물의 가상적 실현을 위해 투시도를 사용했던 르네상스시대 건축가의 노력과 유사하다. 자연적인 공간의 환영을 만들어내는 이 건물의 공간적인 효과는, 왜곡된 회화 상의 요소나 평탄면에 의해 만들어진다. 이 왜곡된 투시기법은 게리 작품에 계속해서 등장한다.

「게리 자택 *Frank O. Gehry House*」
(Santa Monica, California, USA, 1978)

1980년대 후반 이후 해체주의 디자인의 선도 건축가로서, 그를 세계적으로 주목받게 한 건물이 바로 이 주택이다. 20세기 말 건축 디자인은 해체주의적 형태조작과 공업적 토착성 조합의 결합산물이다. 「게리 자택」의 형태조작은 단편화, 절제, 회전, 뒤틀림 등이 뒤섞여 있어 이미 해체주의를 총괄한 느낌이다. 골함석판, 연결사슬철망, 미송합판, 2×4인치의 목조 프레임과 기성제품의 오르내림 목재창틀이 훌륭하게 조합되어 있다. 이 주택은 기존주택의 낡은 지붕, 건물 바깥벽에 판자를 붙인 토착적인 작은 주택에 대한 '증축'이란 형태를 취하고 있다는 점에서, '역사' 혹은 '현실'에 대한 조작의 총체이다.

「게리 자택」은 중산계층인 한 가족을 위해 기존의 교외 주택을 세 단계에 걸쳐 개조한 건물이다. 증축부분은 몇 개가 맞물려 충돌하는 구조물에 의한 부속 건물로 끼워져 있다. 이 주택의 매력은 부속건물이 부지 밖에서 들어온 것이 아니라, 주택 내부로부터 드러나서 형태들이 바깥으로 비틀려 있다는데 있다. 예를 들어 외부의 경사진 입방체는 옛날 주택의 목재로 만들어졌는데, 구조를 외부로 노출시키면서 건물의 외피를 해체하고 있다. 결과적으로 첫 단계에서는 내부와 외부, 기존(1920년대의 평범한 별장식 방갈로)의 것과 부가(증축)된 것, 건물구조와 입면 사이에서의 충돌이 드러나 있다.

두 번째 단계에서 뒤쪽 벽의 구조는 외피로부터 보호받지 못하고 거의 파괴되었다. 세 번째 단계에서는 뒤쪽 벽의 파열을 통해서 주택으로부터 벗어나려고 하는 것처럼 보이는 형태들이 뒷마당에 채워져 있다. 이러한 형태들은 주택과 관련되어 서로 비틀어짐에 따라 긴장감을 갖게 된다.

그의 자택을 설계하면서 사용했던 모든 방식들의 목표는, 건물을 잠정적이고 일시적인 것처럼 보이겠다는 것이었다. 대조적으로 옛집은 안전하게, 그리고 가장 값싼 재료로 지어진 새 집 속에 온전히 서 있다. 마치 19세기의 작은 너새 지붕의 주택을 연상시키는 이 작품의 정면에는 핑크빛 석면이 씌워져 있으며 뒷마당 쪽으로는 부엌과 거실이 덧붙여져 있다. 동측면의 현관에서는 연결사슬철망과 골함석판, 앞의 이중계단에 의해 '진보적인 건축'에 대한 강력한 표명이 이루어졌다. 북동

쪽 측면 모서리에는 골함석판이 경사진 입방체 모양의 목재 유리틀에 의해 침해된다. 기존 건물의 완만한 정적과 새 건물의 동적인 긴장감은 쉽게 구할 수 있는 값싼 재료를 통해 구현된다. 그러면서도 모든 건축의 상세부가 꼼꼼하게 처리되어 있다. 이런 측면에서 게리의 건축은 건물을 예술적으로 취급함으로써 근대건축의 공장 생산과정에서 상실했던 질(質)을 회복하고 있다. 「게리 자택」의 이상은 '스스로 집짓기(Built-it-yourself)' 운동도 포함하고 있으며, 고상함과 천박함 그리고 세련됨과 펑크가 충돌하고 있다.

주택에는 먼저 사용된 건축 재료의 못이 노출되어 있다. 태풍이 지난 후 파손된 건물이나 공사 중의 건물에서 나타나는 힘의 표현을, 거친 재료를 이용한 조각가들의 소재처럼 반(反)미학적인 방법으로 나타내어, 지어지는 과정인지 해체되는 과정인지를 구별하기 어렵게 했다. 건물들은 완전한 영구성을 추구한다기보다는 오히려 주어진 순간들을 구체화하는 것으로 의미를 찾으려 한다. 이 구조부분의 노출은 벽들을 비(非)구체화하여, 그것을 분리시키고 부자연스러우며 투명하게 만들었다. 게리는 "집은 아주 완전하게 지어질 필요가 없으며, 그런 집들을 보다 값싸게 짓는 것이 필요하다고 생각한다"고 말한다. 그는 건축가들에게 건축의 과정이 더 이상 계획과 도면에 의해 전적으로 좌우되어서는 안 된다는 새로운 태도를 요구한다. 「게리 자택」은 1978년 증축 이후, 1988년에 다시 개축되었다.

「중부대서양 토요타자동차 지국 *Mid-Atlantic Toyota Distributorship*」
(Glen Burnie, Maryland, USA, 1978)

　일본의 토요타자동차회사를 위한 중부대서양 지국은 「로우즈 회사 본사」(1974)에서 시작된 내부공간 체계 개념의 확장을 시도했는데, 값싼 재료를 사용해서 더욱 개성적으로 지어졌다. 석고보드 판의 단순한 벽은 연속적으로 맞물려 나가면서 간접조명을 허용한다. 천창(天窓)과 조심스럽게 설치한 벽체의 배열을 통해, 게리는 내부 구석구석에 빛을 끌어들였다. 건축주의 요구사항인 개방된 공간은 벽에 뚫린 직사각형의 개구부에 의해 더욱 강조되면서, 사람들의 다양한 프라이버시도 보장한다.

　게리는 사방향(斜方向) 그리드(grid)와 역투시법을 사용하여, 극히 모호하고 익살스러운 내부공간을 만들었다. 여기서 난방용 덕트(duct)는 벽 혹은 벽이 삭제된 곳에 노출된 채 관통되고, 핑크색의 칸막이벽은 각도를 이루면서 비스듬히 미끄러져 축소되어 오는 다른 공간의 면들과 교차된다. 여기서 포스트모던의 공간장치로서 반(半)형태나 정교한 혼란이 추구되어져 있다. 여러 개의 조작된 일련의 벽과 홀을 바라볼 때, 그 효과는 중국식 정원에서 보이는 모호성과 흡사하다.

「산타모니카 쇼핑센터 *Santa Monica Place*」

(Santa Monica, California, USA, 1980)

「산타모니카 쇼핑센터」(1980).

　차를 타고 남쪽방면에서 이 건물에 다가가다 보면, 푸른색
과 연결사슬철망은 아주 독특하고 인상적인 그래픽 이미지를
발산하면서 그것을 쉽게 인지할 수 있도록 해준다. 전체 과정
은 게리의 건축적 관심과 물건을 사는데 있어서 안락한 장소
를 원하는 미국인의 소비패턴 간에 상충점이 있음을 알려준
다. 쇼핑몰의 실내는 거대한 천창에서 빛이 떨어지고, 그 주변
에 가게들이 배열된다. 건축가의 감성과 공간적인 체험의 다
양한 융합을 통해 당시의 다른 쇼핑몰과 차별화되었다.

「항공우주 박물관 *Aerospace Museum*」
(Los Angeles, California, USA, 1984)

게리의 성공적인 작품 중에 하나인 이 건물에서 전체 예산
은 340만 달러를 초과할 수 없었고, 인테리어 예산은 배정받
지도 못했다. 프로그램은 기존의 다용도 공간을 보존하면서
구(舊)병기고와 연계시켜 미래지향적인 박물관을 만드는 것이
었다. 병기고 건물을 완전히 새로 꾸미기는 어렵다는 판단 아
래, 주변의 조소적인 오브제들을 최대한 활용하여 구병기고의
조망을 더욱 극적이고 강력하게 해주었다. 이 건물은 내외부
가 모두 조소적인 거대한 격납고를 연상시킨다. 중국식 정원
처럼 이 건물은 주변의 환경을 부분적으로 모방하거나 테두리
안에 넣는 차경(借景)의 수법을 사용하고 있다. 어긋나게 붙어
있는 형태, 비스듬한 다각형, 아무 데나 불거져 나온 사각형들
은 옆에 있는 전시공원의 되다 만 것 같은 형태와 짝을 이룬

「항공우주 박물관」
(1984).

다. 이처럼 계획적이거나 우연한 형태 사이에는 일종의 등식이 설정됨으로써 이들은 각각 더 큰 전체의 부분으로 된다.

길은 폐쇄되어 보행자 몰(mall)을 형성한다. 길을 관통하는 구(舊)건물들은 「캘리포니아 과학산업 박물관」의 일부를 이루면서, 새로운 건물의 조소적인 특성을 강화한다. 비행과 혼합된 공업적인 풍경의 찬양으로서 외벽에 부착되어 있는 록히드사의 F104 전투기는, 러시아 구성주의의 전통과 로스앤젤레스시 광고판의 비유적 표현이다. 흰색과 회색 및 은색의 부서지는 듯한 볼륨은, 걸려있는 비행기의 익명성을 더하고 그들의 상충성은 폭발적인 생동감을 나타낸다.

「로욜라 법대 Loyola Law School」(Los Angeles, USA, 1984)

이 프로젝트는 보수적인 건축주의 성향 때문에 게리가 작품을 맡게 되리라고는 기대하지 않았지만, 오랫동안 맡기를

「로욜라 법대」
(1984).

갈망해 왔던 작품이었다. 이곳은 원래 1947년 남부 캘리포니아로 게리 가족이 이사 왔을 때, 세 블록을 사이에 두고 한동안 살았던 적이 있는 추억이 담긴 곳이기도 하다. 게리는 교수회관과 학생관련 기능을 한곳에 모아 아주 단순한 블록으로 처리하고, 인접건물들을 침해하지 않도록 가로변의 건물들은 안으로 후퇴시켰다. 사실 대부분이 가톨릭 신자인 이웃은 모서리부분이나 입구에 광장을 두는 것을 별로 좋아하지 않았다. 안전을 이유로 학교 측은 대지 주변에 울타리를 둘러줄 것을 요구하였다. 게리는 가로와의 관계와 시각적 접근성 사이에서 사람들이 예기치 못한 이벤트를 경험할 수 있도록 고려했다.

주 건물에는 예산상의 문제로 강의실을 두지 않기로 했는데, 이렇게 얻은 경비의 절감으로 작은 건물들을 더 꾸밀 수 있었다. 그는 배치를 교묘하게 처리해서 교사동과 교회가 캠퍼스를 L자형으로 에워싸도록, 가로변에 모의 법정을 세워 단순하고 일상적인 건물배치를 했다. 게리는 건물을 그리드에 대해 7도 경사지게 배치하여 건물들 간의 긴장을 증진시켰다. 커다란 '번스 빌딩'에는 내부의 비상계단보다 공사비가 적게 들지만 직접 피난계단으로 사용가능한 조소적 형태의 외부계단을 전면에 설치했다. 로욜라 법대에 가면 이 계단을 활발히 오르내리는 사람들을 볼 수 있다. 이 건물의 전면 벽에는 무대 세트 모양의 밝은 색 페인트를 칠했다.

게리는 건물뿐 아니라 조경도 디자인했다. 게리는 자유로운 형식을 채택하기로 마음먹고 상이한 스케일의 고립된 나무 오브제들과 하중을 받지 않는 기둥들을 첨부했다. 서구적이기보다는 동양적인 느낌의 전체구성은 각 단편들에 세심한 배려가 요구됐다. 로욜라의 가장 중요하고 까다로운 문제는 적은 예산으로 목적을 달성하는 것이었다. 항상 그래왔던 것처럼 게리 사무소는 3단계로 작업을 진행했다. 원래의 '번스 빌딩', 교사동과 중정, 그리고 도서관 기능을 하는 기존 건물의 실내장식, 그 다음 4·5단계에서 동측면에 있는 도로변의 오락편의 시설과 북측면의 창고 건물을 부수고 미래의 도서관을 계획하는 것이었다. 거기서는 일종의 법률관계 서적을 발간할 예정이었는데, 지금은 9번가의 입구로 이용되고 있으며 많은 차량이 몰려들어 결국에는 주차장이 되어버렸다.

게리가 디자인한 가장 아름다운 건물은 광장의 길 쪽으로 있는 짙은 색의 교회 건물인데, 이는 고프(B. Goff)가 설계한 즉흥적인 주택들과 닮기도 했지만, 석조로 지어졌더라면 아마도 로마네스크시대의 성당처럼 보였을 것이다. 거칠고 긴장감을 주는 이 건물은 역사에 대한 수용과 저항이다. 서구 건축사에서 석조는 구축이라는 사실을 표상한다. 기본적으로 건축이란 일시적인 삶을 기념비적이고 영원한 것으로 만드는 방법을 찾는 것이다. 그러나 게리는 영구적인 재료인 돌을 일시적인 목재 합판으로 대체했다. 건축의 형식을 무너뜨리기 위해 게리는 변증법적 방법을 사용하고 있다. 이는 낡은 장비로도 신기한 마술을 펼쳐 보이는 재주꾼의 비법이기도 하다. 이 재주

꾼은 기성의 재료를 다듬어서 새로운 것을 만들어낸다. 그 결과로 나타나는 것은 고차원의 예술이나 과학이 아니다. 부분적으로 그의 작품은 기존 상황에 대해 반응하고 있다는 점에서 보수적이고 반동적인 전략을 취한다. 게리는 구성주의자들이 행한 구성의 방법보다는 조합의 방법을 이용해왔다.

「노튼 주택 *Norton House*」(Venice, California, USA, 1984)

게리에게 있어서 캘리포니아주의 베니스는 미국 도시의 모든 것을 그대로 함축한 하나의 소우주이다. 해변의 생명구조원으로 일하면서 이곳에서 젊은 시절을 보냈던 노튼(B. Norton)에게 있어서 베니스는 충분히 감상적인 장소이다. 그는 오래 전 할리우드로 가기 위해 구조원을 그만두었지만, 일찍 영화대본 작가로 성공하여 베니스의 집으로 되돌아왔고, 결혼을 하여 2세가 탄생하자 그의 오랜 친구인 게리에게 주택을 지어줄 것을 의뢰하였다. 이 주택은 기존의 혼란스러운 주택군 속에 자연스럽게 함몰되기 위해, 조소적으로 처리하여 불협화음 속의 일부가 되도록 했다.

글을 쓰기 위한 사적인 가구를 열망하는 노튼은 특히, 수영장 감시탑의 의자를 좋아했다. 그래서 게리는 그러한 가구를 만들기로 마음먹었다. 그는 노튼의 덜컥거리는 작은 주택을 개조하고 확장하는데 있어서 주변 환경과 혼합되는 요인을 제거하지 않았으며, 하늘색 바닥타일을 깐 작업실 위에 노튼의 서

재로 쓰이는 구조원 타워를 세웠다. 이것은 노튼의 젊은 시절을 회상하게 하는 매력적인 것일 뿐 아니라, 해변을 바라보며 작품 구상을 할 수 있는 곳이며, 이 지역의 랜드마크(landmark)로서 많은 사랑을 받고 있기도 하다.

예산이 매우 적은 관계로 「노튼 주택」에도 표준형 부엌이 사용됐다. 실내공간에서 바다와 연계되어 해변의 조망이 가능하지만, 해변보다 위에 거실을 배치하여 행인들의 시선으로부터 프라이버시도 보장하였다. 이전에 있던 작은 주택의 정원과 차고를 3층 건물로 대체하여 노튼 가족에게 필요한 방들을 모두 수용하도록 설계하면서 다양한 색상의 타일과 치장벽토마감, 물결모양의 금속과 체인장치를 사용하였다. 거실에서는 실내에 빛과 공간을 풍부하게 했지만, 사용자가 스스로 꾸밀 수 있도록 완결시키지는 않았다. 이 주택을 처음 보게 되면 마치 공사가 중단된 것처럼 보일 것이다. 게리는 후회 없이 다음과 같이 말한다. "나는 디즈니랜드를 만든 것이 아니다. 나는 내가 하고자 하는 것을 행하며, 그것은 나를 위한 것이다. 그리고 나의 생애는 그것에 의해 경험되거나 얻어진다."

「워스크 주택 *Wosk House*」(Beverly Hills, USA, 1984)

건축주인 화가 워스크(M. Wosk)의 작품들과 그의 부모들이 수집해온 이스라엘의 예술품은 게리의 흥미를 끌었다. 그래서 게리는 이 주택에 그것을 반영키로 했다. 그는 이런 생각들을

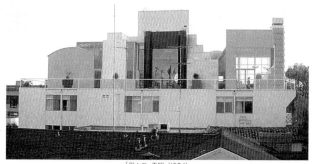
「워스크 주택」(1984).

한데 묶어 서로 충돌시켜 나온 이미지를 선택하여, 거기서 분리된 단편들을 단순화시켜 나가면서 작업을 시작했다. 이 주택은 원래 비벌리힐스 지역에서 흔히 보이는 치장벽토로 마감한 사각형 형태로서, 분홍색의 입방형태와 국제주의 양식에서의 표면처리와 띠 창을 그대로 간직하고 있었다. 이처럼 단순한 조화는 워스크가 직접 디자인한 아치 창문과 지붕 위에 자리 잡은 건물로 깨뜨려졌다. 이것은 모든 미적 규범에 분명히 위배될 뿐 아니라, 그렇게 하는 것을 즐기고 있는 듯이 보인다. 가우디나 고프와 같이 게리는 공공연하게 관례화된 건축법을 무시하고 있다. 도시가 독특한 지붕들로 뒤덮인 중세도시처럼 되어야만 한다고 주장하면서, 그의 해체 작업에 반영시키고 있다.

부엌 위의 돔은 이스라엘에서 나온 것이며, 곡면계단은 건축주의 그림에서, 대리석이나 타일이 사용된 것은 건축주의 요구 때문이었다. 게리는 건축주를 설계과정에 참여시켜 지속적인 협동작업이 가능토록 했지만, 결코 서로의 감각을 침범하지는 않았다. 핑크빛 건물을 원한 건축주는 게리에게 비벌리힐스의 만곡선을 연상시키는 지붕을 권했고 그것은 진지하게 고려됐다. 예산은 비교적 넉넉한 편이어서 가급적 값비싼 재료들을 사용할 수 있었으나, 게리는 값싼 재료들을 병치시켜 풍요로움을 의도하고자 했다. 이 주택의 북쪽과 남쪽 면은 각각 7개와 5개의 식별 가능한 부분들로 구성되어 있지만, 내부의 분절과 정확히 일치하지는 않는다. 실상 그 내부공간은 놀랍게도 한쪽의 작업실에서 다른 쪽의 거실에 이르기까지 트여있다. 한편 어떤 형상은 분명한 기능을 지니고 있기도 해서, 마치 이런 디자인의 규칙을 깨뜨리는 듯하다.

그 예로 네로 황제의 반구형 황금주거는 청색의 부엌으로 사용되는데, 이 형태는 온실 겸 식당부분과 분홍색의 엘리베이터와 충돌한다. 옥탑 주위의 녹색 타일은 황금색의 지구라트(ziggurat) 위에 어지러이 널려 있으며 머리카락 무늬의 청색 타일이 그 위를 덮고 있다. 내부보다는 외형적으로 훨씬 심하게 이탈된 건물의 구성은 옥탑 부분의 미묘한 작용 때문이다. 따라서 북쪽에서 보면 10개의 덩어리와 11가지의 색깔이 우스꽝스러운 부조화를 이루며 충돌하고 있다. 그러나 이러한 형상은 원래 그리스의 아크로폴리스 신전들을 연상하도록 의도되었음을 알 수 있다. 이러한 해체작업을 분석해보면 이 역시 반전된 재현의 또 다른 예이다. 게리가 애초에 설정한 대로 이것이 아크로폴리스라면, 공장에서 생산된 빛나는 타일과 유

리는 돌에 반대되는 것이고, 평지붕은 박공(博栱)지붕에 반대
되는 것이며, 다채로운 색채는 백색과 반대이다. 불협화는 통
일성에 반대이며, 발코니는 반(反)성역을 나타낸다. 이러한 '반
(反)'에서 주목할 점은 그것이 반명제로서의 '정(正)'을 불러일
으킨다는 점이다.

「피쉬 댄스 레스토랑 *Fish Dance Restaurant*」
(Kobe, Japan, 1986)

게리의 이 작품에 등장하는 물고기 형상은 어떤 의미를 지
니는가? 그는 유대인으로서 어린 시절의 막연한 기억을 순수
조각 형태의 건물로서 현실화시킨 것이다. 이에 대해 게리는
"포스트모더니즘의 특징을 지니는 것이며, 신인동형론(神人同
形論)에 입각한 표현이자, 동시에 내 작품의 주제다"라고 말한
다. 1981년부터 게리는 이러한 형태를 기둥, 첨탑, 램프, 수반
(水盤), 조각, 건물에 적용시키고자 하였지만 건축주들은 비현
실적이라는 이유를 들어 그의 제안을 탐탁치 않게 생각했다.
그러나 게리의 물고기에 대한 이러한 독창적 생각은 아직 성
취되지 않은 이상에 대한 상징으로서의 의미를 지닌다.

드디어 게리는 일본 고베에 있는 「피쉬 댄스 레스토랑」 설
계에서 이를 반영하게 된다. 엄밀하게 평가하여 건축적 의미
가 미약한 이 건물은 순수 조각적 측면의 분위기를 지니고 있
다. 특히 게리는 레스토랑의 전형적인 모델로서 이를 작업하

「피쉬 댄스 레스토랑」(1986).

였는데, 형태에 대해 설정된 주제로서만 이루어지긴 하였어도 그의 대표작이 되었다. 이 건물은 전통적인 재료에서 벗어난 시도와 '물고기'(고베의 고가도로를 향해 뛰어오를 듯한 모습을 하고 있는 65피트 높이의 이 물고기는, 이중으로 된 연결사슬철망에 다이아몬드 모양의 패널을 끼워 넣는 기법으로 제작되었다) 및 똬리 튼 '뱀'이라는 특이한 오브제를 이용하여 축조되었는데, 몇 부분으로 독특하게 분할되어 있는 매력적인 건물로서 방문객들을 즐겁게 해주고 있다. 레스토랑 내부의 구조, 조명시설은 페인트로 묘하게 요철 효과를 낸 금속성 벽면 마감재와 잘 어울린다.

「레베카 레스토랑 Rebecca's Restaurant」
(Venice, California, USA, 1986)

「레베카 레스토랑」은 160석 규모의 크지 않은 멕시코식 고급 식당이다. 베니스 지역에는 아주 멋진 식당과 주점들이 즐비하다. 게리는 백색, 오렌지색, 녹색의 얼룩 대리석을 가지고 작업을 했는데, 기존의 주점에서 구리를 사용해 만든 일종의 퍼골라(pergola)에 관심을 갖게 되었다. 그래서 그는 추상적인 나무형태를 사용해 주점과 식당을 구분시켰다. 직선형의 식당은 30m 이상 뒤로

「레베카 레스토랑」(1986).

물러나 부스(booth)와 나란히 놓인다. 피터 알렉산더의 벨벳 그림이 벽에 걸려있고, 식당의 뒤쪽에는 유리로 만든 물고기 조각들이 놓여있다. 천장에는 물고기 램프와 조각품들이 매달려 있고, 식당 뒤쪽의 알코브(alcove) 천장에는 샹들리에 같은 거대한 문어모양의 전등이 매달려 있다. 술집 위에 매달린 두 개의 검은색 악어는, 게리가 프랑스 님즈에 처음 갔을 때 시청사 입구에 매달려 있던 검은색 악어의 영향이다. 금속으로 만든 이 악어들은 물고기 램프와 같이 세련된 디자인을 보여준다.

조명의 역할은 간접적으로 분위기를 조성하는데 한정된다. 기이한 조각과 형태들로 가득 찬 내부공간을 걸어다녀 보면, 각 요소가 불연속적이면서도 완벽한 조화를 이루는 것에 놀라게 된다. 공간 내에 자립하고 있는 요소들은 각기 강력한 힘을 발산한다. 「레베카 레스토랑」은 기이한 참조물들(악어, 거대한 문어 샹들리에, 유리 물고기)과 잎이 없는 나무숲으로 내부를

가득 채운 게리의 가장 현란한 작품이다. 하나는 뒤쪽에 있고
또 하나는 중2층(mezzanine)에 있는 두 개의 식당은, 이 레스토
랑에 우아한 클럽분위기를 제공하고 있다.

「F.H. 골드윈 지역도서관 분관 *F.H. Goldwyn Regional Branch Library*」(Hollywood, California, USA, 1986)

방화로 불타버린 원래의 도서관은 영화대본작가를 비롯한
영화인들의 요람지였다. 로스앤젤레스 시의 화재안전에 대한
요구는 엄격했다. 시의 도서관담당 책임자는 거의 성곽을 방
불케 하는 두꺼운 벽을 건물주위에 설치할 것을 요구했다. 게
리는 이 건물을 주변 건물들과 조화시키기 위해 균제적이고
고전적인 배열방법을 사용해서, 중앙의 중정과 좌·우측의 독
서실, 뒤쪽의 창고를 설계하였다.

그러나 설계과정에서 독서실은 뒤쪽의 분수정원으로 옮겨
졌다. 또한 북측 벽체를 개방시키고 남측 벽체를 폐쇄시킴으
로써 비(非)균제적인 배치가 되었다. 즉, 남측의 독서실은 견
고한 벽체로 구성되며, 메인 홀은 북측의 독서실이 보이도록
유리로 처리했으며, 북측의 독서실에서는 할리우드가 보인다.
그래서 각 실은 독특한 개성을 갖는다. 이 도서관 철골 프레임
구조의 외장재로는 금속판과 치장벽토가 사용됐다. 동측 가로
변의 보도를 따라 좁은 계단을 내려가면 도서관의 입구가 있
다. 유리가 사용된 2층의 경량벽체로 구성된 공간의 주위에는

어린이 독서실이 배치되고 이 곳의 창을 통해 북측 독서실의
입방체 형태가 보이도록 했다.

「윈톤 게스트하우스 *Winton Guesthouse*」
(Wayzata, Minnesota, USA, 1986)

「윈톤 게스트하우스」(1986).

윈톤가(家)는 큰 영향력을 가진 현대미술품 수집가였는데, 5
명의 자녀와 그에 딸린 가족을 갖고 있는 대가족이었다. 그들
은 1952년에 지어진 존슨(P. Johnson)이 설계한 주택에 살다가
게스트하우스(guesthouse)의 필요성을 느꼈다. 하지만 존슨은
불특정 다수를 위해 건물을 짓게 되면 원래의 성격이 훼손될
수 있다고 생각하여 그 설계를 거절했다. 게리도 그것이 옳다
고 생각하여 가급적 존슨의 주택을 의식하지 않으려고 노력했
다. 그래서 초기 안(案)에서 그는 울타리를 사용해 영역을 분
리시키기도 했다. 최종안에서는 거대한 옥외 조각품들로 구성

되는 조소적인 해결책을 제안했다. 그래서 예전의 주택에서 보면, 그것은 거대한 조각품처럼 보인다.

미네아폴리스에서 30마일이나 떨어진 호수 앞 외진 숲 속에 자리 잡고 있는 이 건물은, 색다른 형태들을 연결시켜 '환상적'인 모습이다. 게리는 적당한 예산을 허용받았기 때문에 「로욜라 법대」에서 사용했던 핀란드산 베니어판이나 구리판과 석재들을 자유로이 사용할 수 있었다. 또한 중앙에 있는 거실의 탑 모양 처리, 그 지방의 석재로 된 곡선형 침실, 벽돌로 된 박스 형태의 벽난로, 검게 채색된 금속으로 만든 헛간 형태의 경사진 지붕모습의 침실, 그리고 합판으로 된 길고 낮은 부엌과 차고 등이 특징적이다. 이 건물은 알루미늄 줄로 된 우아한 그리드 속에 검은 감각적 표피를 가지고 있다. 크지 않은 게스트하우스를 위해 5개의 덩어리가 서로 중앙탑에 대항하여 밀고 당기고 있다. 건축구성에 있어서 이런 방법의 근원은 1960년대의 미술계와 부분소재, 다른 기능들의 개별성을 강조하던 1970년대 후반의 블록계획에서 볼 수 있다.

독일 바일의 「비트라 디자인 박물관 *Vitra Design Museum*」
(Weil, Germany, 1989)

독일의 지방소도시 바일의 가구회사 생산 공장과 전시관은 백색과 회색의 독특한 형태로 미완성의 느낌을 준다. 여러 건물 간의 대립성은 모퉁이와 벽면부분, 그리고 지붕형태에서

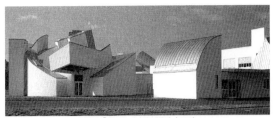

독일의 「비트라 디자인 박물관」(1989).

두드러진다. 이 공장과 박물관의 이미지는 흐트러진 가구가 쌓인 창고의 인상을 준다. 그러나 내부의 공간효과는 볼륨과 빛이 연출하는 황홀한 무대로서 조형성이 과장되어 있다. 여기서는 '건물'이라는 개념이나 익숙한 직교좌표 체계 같은 것은 없는데, 특이한 해체주의의 건물디자인을 통해서 가구회사의 선전효과를 노리고 있다.

「게리 자택」을 통하여 게리가 일약 세계적인 건축가로서 알려졌듯이, 이 기업인 건축주도 새로운 회사의 이미지와 가구모델로 비약하고 싶었다. 꼬르뷔지에나 샤로운(H. Scharoun)의 조형성에 영향을 받은 이 작품은, 그 수공업적인 가구구성의 다양한 완벽함을 건물에 묘사하였다. 게리가 항상 그랬던 것처럼 건축 재료의 선택에서도 대량 생산적이고 값싸며 가공하기 쉬운 시대성을 나타내고자 한 것을, 그 회사의 가구생산 이미지로 부각시킨 것이다. 이렇게 그의 건물은 구성과 기능적 요소로 분해됨으로써, 상이한 형태로 병립되었다.

스위스 바젤의 「비트라 디자인 박물관 *Vitra Design Museum*」
(Basel, Switzerland, 1989)

게리에 의해 독일의 비트라 지점이 인근 도시인 스위스의 바젤에 신축되었다. 이 프로젝트는 62,000평방피트의 새 법인 사무실을 포함한 1단계 개발의 마스터플랜을 제시하는 것이었다. 대지의 한쪽에는 낮은 건물인 제조시설에 의해, 다른 한쪽은 개조된 작은 사무실에 의해 경계 지워졌다. 동쪽으로는 울창한 숲이 있어 대지가 시각적으로 막힌 듯하지만, 낮은 지대에 있는 아우토반(Autobahn)이 대지를 분리시켜 준다. 지역 고도제한에 의해 건물높이는 10m 이하로, 주차장은 직원 3명당 1대의 차를 수용할 수 있어야 했다. 이 건물은 가구를 실험하고, 전시할 수 있도록 계획된 '가변적인' 사무실을 위한 다양한 작업 공간이다. 그 결과 전통적인 폐쇄적 사무실뿐만 아

스위스의 「비트라 디자인 박물관」(1989).

니라 복합적이고 개방적인 사무실 유형이 되었다.

공기정화장치를 설치할 수 없는 스위스의 엄격한 에너지 규약 때문에, 거대한 날개모양의 차양을 두어 그 아래쪽은 남쪽의 햇빛을 완전히 차단시키고 개방된 창문을 두어 자연환기를 유도하도록 했다. 또한 사무실 블록에는 주출입구 및 응접실, 카페, 배전실, 우체국, 접견실, 회의실과 같은 변화가 덜한 공공구역을 두어, 외근직원을 포함하여 모든 부서가 사용하는 곳으로 배려했다. 또한 사무소가 장차 그 주변으로 확장될 수 있도록 건물을 중앙에 배치하였는데, 그것은 풍부하고 조형적인 형상을 취한다. 이런 건물들의 크기와 비례는 근처의 기존 주택 규모와 비슷하여 '빌라'라고 불려지게 되었다. 날개형 차양 아래에는 아트리움(atrium)식 '거실'이 있고, 이는 예전의 단순한 사무소 블록과 중앙의 활력 있는 빌라가 조화를 이루도록 해준다. 건축적으로 이 건물은 다양한 규모와 주변의 맥락적 조건을 만족시키며 또한 작업 공간 및 전시실 내에서 회사를 위한 독특한 이미지를 제공해준다. 건물구조는 콘크리트와 벽돌이며, 외부 재료는 페인트칠한 치장벽토, 아연 금속패널, 목재문틀과 조작가능한 창들의 조합으로 되어있다.

프랑스 파리의 「아메리칸 센터 *The American Center*」
(Paris, France, 1991)

「아메리칸 센터」가 파리의 벨시 공원가에 새로이 건립되었

파리의 「아메리칸 센터」(1991).

다. 세계적인 건축가들 중에서 경쟁을 통해 선정된 프랭크 게리는 스케치, 건물모형 및 목재 콜라주를 제작하였다. 제시된 모형에는 정신문화로서 예술의 장소, 구경거리 장소, 주거 장소 등 특별한 목적을 갖는 프로그래밍에 부응하기 위한 여러 기획요소들이 구체적으로 표현되어 있다. 게리는 단순히 프랑스식 건물을 시도한 것이 아니라, 파리에 대한 미국인의 해석으로 일종의 혼합된 문화를 다루고자 하였다. 그는 이 건물이 매우 프랑스적이면서도 미국적인 것이라고 해석했다.

건물에서 가장 중요한 것은 접근성에 대한 아이디어이다. 이 건물은 "들어오세요"라고 말하는 것과 같은 형상을 하고 있다. 이 건축물은 사람들이 걸어 들어오고 나가는 것을 방해하지 않는다. 모험적인 디자인의 외관은 주요 구성요소를 한데 모아놓고 있으며, 복잡한 논리로 구성된 내부는 효과적인 조직으로 이루어졌다. 지하는 3개 층으로 구성하여 층수를 줄이고, 이곳에 넓은 극장 홀을 배치하였다. 출입은 공원과 같은 레벨인 1층과 중2층의 플랫폼에서 이루어지는데, 넓게 트인 곳에는 공공장소인 홀, 도서실, 식당이 들어서 있다. 녹지대인 벨시 공원 북쪽의 「아메리칸 센터」를 게리는 조각을 다듬듯이 설계했으며, 자신의 독특한 방식으로 분할시킨 조각적 모델로 제시하였다. 공원과 마주하고 있는 입면은 움푹 들어간 형태를 취하고 있는 착색유리가 설치되어있으며, 정면은 한 발짝 뒤로 물러서 있다. 따라서 정면은 아름답게 꾸며진 하나의 장식물로서 그 모습을 드러내었고, 건물의 형체와 볼륨은 충격적으로 보인다.

「시아트 데이 빌딩 *Chiat Day Building*」
(Venice, California, USA, 1991)

시아트 데이 광고회사 서부 해안지역 본사는 그레그 월쉬

「시아트 데이 빌딩」(1991).

81

와 게리가 한 팀을 이뤄 디자인한 프로젝트이다. 이것은 캘리포니아 해변지역 심의위원회의 30피트 높이제한과 L자형의 대지 건물의 외관에 대한 까다로운 여러 심의를 거쳐야 했다. 총면적 75,000평방피트에 3층 규모인 이 사무용 건물은 300대가 주차 가능한 지하 3층 규모의 주차장 바로 위에 자리 잡고 있다. 실내장식은 다양한 천장 높이를 가진 연속적이고 넓게 개방된 공간으로 구성되었다. 주도로 쪽 입면은 주변지역과 부합될 수 있는 3개의 독특한 요소로 표현되어 있다.

주차장 입구는 중앙에 위치한 43피트 높이의 쌍안경 모양의 구조물을 통과하는 지점에 있으며, 이 쌍안경의 2층에는 원형의 작은 '사색실(thinking room)'을 한 쌍 갖추고 있는데, 상부에는 햇볕이 채광되는 천창이 있다. 이것은 올덴버그와 브뤼겐 그리고 게리가 1984년 이탈리아의 베네치아에서 한 '쌍안경 형태'의 실험을 활용한 것으로 과장된 시각적 포인트이다. 쌍안경 옆에는 햇볕을 가리는 역할을 하는 구리로 마감된 나뭇가지 형태의 건물이 있고, 반대쪽 건물의 정면은 차가운 흰색이다. 대지경계선까지 나와 있는 건물의 남측 입면에는 매우 긴 천장이 1층에서 3층까지 연결되어 있고, 가장자리를 따라서 빛을 끌어들이는 광정(光井)이 있는 것을 볼 수 있다. L자형의 갈라지는 부분에 건물의 중심부가 자리 잡고, 바로 옆에 천창이 있는 2층 높이의 회의실이 있다. 좌·우측의 건물은 사무소와 스튜디오로 이용된다. 이 건물에서는 값싼 일반 재료와 구리판, 은행나무 패널, 석재와 같은 값비싼 재료들을 사용하여 재료상의 대조를 이루고 있다.

체코 프라하의 「나쇼날레 네덜란덴 빌딩 *Nationale Nederlanden Building Rasin Embankment*」(Prague, Czech Republic, 1996)

통찰력 있는 건축주인 인터내셔널 네덜란드 보험회사 그룹의 폴 콕(P. Koch)은 유년 시절 한때를 프라하에서 보낸 사람이다. 이 도시에 예술품을 헌정하는 것은 1968년 소련침공으로 중단되어버린 꿈의 실현이었다. 대지는 국립극장 및 다른 문화시설들과 가까이 있는 볼타바 강변지대이다. 이 건물은 네오 르네상스 양식의 7층짜리 주변 건물들의 외피를 따르고 있으면서도, 그 건물들처럼 빽빽이 채워지는 것은 자제되었다. 게리는 한 쌍의 남녀 구조체 아이디어로 발전시켰으며, 여기에 단순한 블록을 풍부하게 만들어주는 파편들을 자신의 의도대로 덧붙였다. 돌출된 모서리와 치마처럼 너풀거리는 잘록한 허리를 가진 유리타워로 인해, 이

체코의 「나쇼날레 네덜란덴 빌딩」(1996).

설계안은 일찍부터 'Fred & Ginger(할리우드의 유명한 댄스 파트너인 프레드 아스테어와 진저 로저스의 이름을 딴 것이다)'라고 불려지게 되었다. 후기 고딕, 바로크, 아르누보, 큐비즘에 이르기까지 주목할 만한 건축적 이벤트들로 가득 찬 도시에서, '프레드와 진저'는 프라하의 인상을 특징짓는 장소 중 하나가 되었다.

게리는 개념스케치의 생명력을 스터디 모델과 컴퓨터 드로잉을 거쳐 유리와 치장벽토, 금속에 그대로 옮겨 놓았다. 길모서리와 강변의 장방형 금속 창들의 모습은 치장벽토의 입면을 가로지르는 물결무늬 속에서 뗏목들이 떠다니는 듯하고, 처음으로 금속 돔이 나타난 비엔나의 「세제션(Secession) 전시관」(1898)과도 같이 '프레드'는 메두사 머리모양을 하고 있다. 이 건물의 프로그램은 55,000평방피트 규모의 상업건물에서 독특한 위치와 형태의 이점을 최대한 살릴 수 있도록 해준다.

공공광장에서 직접 접근할 수 있는 지상 레벨에는 카페, 그리고 1층과 지하의 소매점 공간이 있으며, 2층에서 8층까지는 사무실이 있다. 꼭대기 층과 지붕테라스에는 호사스러운 프랑스 식당이 들어서 있다. 트윈타워의 바로 뒤쪽 공간은 특별한 사무소나 회의실로 사용하도록 계획되었다. 마지막으로 바와 120석의 레스토랑은 프라하의 장려한 스카이라인과 성곽을 감상할 수 있도록 최상층에 두었다. 강둑을 향하고 있는 외부 정면은 일정하지 않게 늘어선 창과 수평 줄무늬가 인접한 강변지대 쪽 건물정면과 활기찬 물결모양처럼 점차 흩어진다.

건물외면은 프리캐스트(precast) 콘크리트 패널로 만들고, 이
지역에서 애용되는 석고로 마감했다. 두 개의 타워 중 하나는
입체적인 실린더 모양이며, 다른 하나는 위로 올라갈수록 좁
아지는 유리타워이다. 이 두 타워는 조형적인 기둥으로 지지
되며 출입구의 일부를 덮는데, 유리타워는 두 겹의 철제지지
유리 커튼월(curtain wall)로 구성된다. 이 건물의 실제 벽은 내
부 벽이며, 바로 뒤에 있는 사무소의 스크린 역할을 하는 조형
적인 외부 벽이 있다. 이 프로젝트에서 3차원 컴퓨터 모델링
은 설계과정을 부분제작 및 건축공법과 보다 긴밀하게 연계시
키고, 독특한 이 건물의 건축비용을 예산범위 내에서 실행시
키는데 큰 도움을 주었다.

스페인 빌바오의 「구겐하임 미술관 *Guggenheim Museum Bilbao*」(Bilbao, Spain, 1997)

20세기 말에 가장 주목받은 건축물이고 게리의 명성을 확
고하게 한 빌바오의 「구겐하임 미술관」은, 자금조달 역할 및
소유권을 가진 스페인의 바스크 지역 당국과 실제로 주요 소
장품을 제공하고 미술관을 운영하게 될 미국 뉴욕 시의 솔로
몬 구겐하임 재단이 합작하여 설립하였다. 산업도시였던 스페
인 빌바오의 강변 지역을 부흥시키기 위해 당국은, 소장품과
새 전시품을 맡길 유럽지부를 찾고 있던 「구겐하임 미술관」
과 접촉하였다. 빌바오 시는 전 세계 방문객과 투자자들의 뇌

스페인의 「구겐하임 미술관」(1997).

리에 깊이 새겨질 「시드니 오페라 하우스」(1973)처럼 강력한 상징물을 원하였고, 또한 이를 얻게 되었다.

한편 라이트가 설계한 뉴욕의 「구겐하임 미술관」(1959)은 출입문을 지날 수 없을 정도로 덩치가 큰 최근 수집품들을 위한 커다란 전시장과 대부분 창고 안에 보관된 현대작품들을 전시할 친숙한 공간이 필요했다. 따라서 예술가들을 너무나도 경외했을 게리는 태양을 향해 뻗은 한 송이 꽃처럼 핀 천창 아트리움과, 바다 생물들이 강 위로 솟구쳐 오르는 듯 높이 끌어올린 브리지(bridge)와 어울려 비스듬하게 돌아가는 전시장들을 만들어냈다. 시내 쪽에서 바라보면, 바스크 지방의 푸른 언덕에 솟아나면서 어두운 거리 끝의 돌 껍질 속에서 피어오르는 은빛 꽃송이를 보게 된다. 내구성이 뛰어나 강철의 절반 두께로 시공할 수 있었던 티타늄의 외관은 비가 내린 후에 반짝이면서 물빛을 반사한다.

빌바오의 상업지구 및 사적지와 바로 연결되는 구겐하임 미술관은 벨라스 아르떼 박물관, 대학교, 구(舊)시청사로 형성 되는 문화지역의 중앙에 자리 잡고 있다. 국제지명설계경기에 서 당선된 이 안은 기존 도시와 강변에 있는 보행동선, 그리고 미술관 입구의 공공광장에 의해 강화된다. 300석의 강당, 레 스토랑, 소매점과 같은 공공시설들은 주 출입구와 연결되어 있을 뿐만 아니라 공공광장에서도 접근할 수 있다. 즉, 이 시 설들은 미술관의 개관시간과는 상관없이 활성화되어, 도시적 삶의 총체적 부분이 된다. 관리사무실은 공공광장에서 진입할 수 있는 별도의 출입구를 가진 건물로 구분된다. 각층에서 전 시실과 연결되는 3층 높이의 중앙 아트리움 주변에는, 미술관 주 출입구를 통해 직접 접근할 수 있는 전시공간의 곡선형 통 로, 유리 엘리베이터, 계단 등이 있다.

금속으로 만든 꽃을 연상시키는 조형적 지붕은, 지붕 천창 을 통해 유입되는 빛이 가득한 중앙 아트리움에서 솟아있다. 이 조각적인 형상은 내부적으로 연결되어 있는 각 건물들을 하나의 건축적 구성물로 통합시킨다. 대부분의 출입이 이루어 지는 커다란 중앙 아트리움은 강 위로 50m 높이(뉴욕의 「구겐 하임 미술관」 높이의 1.5배 이상)의 유례없는 규모로 솟아있는 데, 기념비적인 대지의 특성과 이벤트를 가능하게 한다. 가장 정교한 컴퓨터 및 자료처리 장비를 갖춘 세계적 수준의 근·현 대미술관으로서 3개 타입(영구 소장물, 기획 전시물, 생존 작가 작품을 위한 전시실)의 전시공간이 구겐하임 큐레이터의 요구에 따라 구성되었다. 3개 층에 걸친 19개의 전시장, 계단과 통로가 아트리움 밖으로 펼쳐진다. 연속적인 3개의 장방형 전시실로 구성된 상설 전시실은 2층과 3층에 있고, 독특한 공간적 특성과 6m에서 15m의 다양한 천장 높이를 가진 7개의 전시실은 뛰어난 현존 예술가들을 위한 전시공간이다. 기둥이 없어 거대한 크기의 미술품 전시가 가능한 기획 전시실은 폭 30m, 길이 130m로 되어있으며, 빌바오의 관문이라는 상징성을 더해주는 푸엔떼 드 라 살베 다리 아래쪽에서부터 탑 구조물이 있는 동쪽 측면까지 연결된다. 주요 외장재로는 스페인산 석회암과 티타늄 패널을 사용했으며, 대형 유리 커튼월을 통해 강과 이를 둘러싼 도시의 전경이 한눈에 들어온다.

「월트 디즈니 콘서트 홀 *Walt Disney Concert Hall*」
(Los Angeles, USA, 2003)

로스앤젤레스 시 중심가에 위치한 이 건물은 「LA 뮤직센터」옆의 1번가와 그랜드 애비뉴가 교차되는 유서 깊은 번커힐 지역에 자리 잡고 있다. 이 프로젝트는 200,000평방피트 규모의 대지를 가진 지명설계경기로, 전통적인 콘서트 홀과는 달리 개개의 건물 내부와 외부 모두가 하나의 아이디어가 되고, 하나의 미학이 되는 건물이다. 콘서트 홀은 많은 부분을 정원에 할애한 대지의 중앙에 자리 잡게 되며, 대부분의 콘서트 홀과는 달리 이 건물의 로비는 도로를 따라 펼쳐져 있고 주간에는

「월트 디즈니 콘서트 홀」(2003).

개방된다. 즉, 조작이 가능한 큰 유리 패널을 두어 선물가게, 식당, 카페, 지하주차장의 접근로와 미리 기획된 공연 공간 등을 포함한 각종 부대시설로의 접근성을 최대한 살렸다. 이 공간은 하루 종일 공연관련 강의, 교육 프로그램, 예정되거나 즉흥적으로 이루어지는 공연장소로 사용된다.

게리는 프로그램을 해체하고 각각의 요소에 개별적인 형태를 부여한 후 그들을 서로 연결시켰다. 메인 홀이 독립적이어야 한다고 생각하여, 각 요소에 불규칙한 기하학적 형태를 부여하고 각각의 프로그램을 개별적으로 고려했다. 실내음악을 위한 홀, 카페, 선물가게 등이 그것인데, 탈의실, 사무실, 창고 및 다른 필수적인 부분들은 메인 홀 주위에서 조밀한 공간을 형성한다. 가장 중요한 부분은 2,400석 규모의 콘서트 홀이다. 이곳의 내부와 외부형태는 시각적으로나 음향적으로 매우 친밀한 느낌을 가질 수 있도록 했다. 인테리어 설계 시 함께 디자인된 파이프 오르간은 무대 뒤편 좌석의 중앙에 자리 잡고 있다. 그는 샤로운의 「베를린 필하모닉 홀」(1963) 건물처럼 분절된 상태를 좋아하는데, 좌석그룹의 배열이 각각 다른 높이와 방향을 가지고 있으므로 다른 청중들과 관련되지 않고서 직접 오케스트라와 접촉하여 음악을 즐기게끔 설계했다. 홀 뒤쪽에 있는 천창과 커다란 창은 낮 공연 시 자연광을 유입시켜 준다.

이 건물의 외부는 이탈리아산 석회석과 스테인레스 스틸로 마감되었다. 컴퓨터로 설계된 곡선으로 겹쳐진 조각적 형태의 외부마감과 광장에서부터 날개를 펼치고 하늘로 솟아오르는 새 같은 지붕은, 주변의 길을 따라 걷거나 주위의 정원과 광장을 지나는 사람들에게 조형적으로 강한 인상을 주게 된다. 전통적인 형태를 거부하는 게리의 성향은 평면이나 단면을 통해 건축을 생각하지 않으며, 건물의 개념이 구성적 진행과정의 결과로 나타나는 것을 부정한다. 그의 건축은 콜라주(collage)라기보다는 형태들의 대립과 충돌이라고 불리어질 수 있으며, 접근방법은 조각의 개념으로부터 나온다. 주위의 도로에서 진입할 수 있는 2,500대 규모의 주차장이 건물 바로 아래에 지하 6층 규모로 세워지며, 사람들은 주차장에서 현관에 이르는 동안 에스컬레이터를 타고 설치미술을 관람할 기회를 갖게 된다. 이 콘서트 홀은 1989년에 착공하여, 우여곡절 속에 2003년에야 완공되었다.

주

1) 프라츠커(Pritzker) 상(賞)은 1979년 세계적인 호텔월드체인인 Hyatt재단의 총수 Pritzker에 의해, '건축을 통해 인간과 환경에 중요한 공헌을 한 사람'을 치하하기 위하여 설립된 상이다. 상금은 10만 달러이다. 참고로 2004년도 수상자는 이라크 태생의 여류 건축가인 Zaha Hadid이다.

2) 카티아(CATIA)란 Computer-graphics Aided Three-dimensional Interactive Application의 약어로, 프랑스 소프트웨어 회사인 다쏘 에어로스페셜(Dassault Aerospacial)에서 자체 개발된 프로그램이다. 카티아는 세계적으로 우주·항공산업을 선도하는 다쏘 그룹의 계열사인 다쏘 시스템즈가 항공기 제작에 사용하기 위해 개발한 프로그램으로, 솔리드(solid) 모델링뿐 아니라 고정밀도의 서피스(surface) 모델링에도 강점을 갖고 있어 건축보다는 정밀한 서피스 작업이 필요한 산업에 주로 적용되어 왔다. 최근 게리의 디자인이 대부분 액상의 유기체적인 형상을 지니고 있어, 곡면의 몸체를 지닌 항공기와 우주선 설계에 이용되는 카티아야말로 더없이 좋은 프로그램이었다.

3) 계몽주의시대에 낭만주의 사조는 여러 장르에 걸쳐 픽처레스크(Picturesque) 운동이라는 공통개념으로 나타난다. 건축에서의 픽처레스크 운동은 헬레니즘 계열의 엄밀한 인본주의 건축에 반발하여 건축물도 하나의 감상대상으로 다루려는 시도로 나타났다. 건축물로 관찰자에게 즐거움이나 경쾌함, 혹은 엄숙함 등의 감성적 느낌을 주어야 한다는 것이었다. 이 개념은 건축가 쪽에서는 건축물을 이용하여 무엇인가를 '표현'하려는 시도를 의미하며, 반대로 관찰자 쪽에서는 건축물이 주는 그러한 '인상'을 감상한다는 의미이다. 이로써 건축에도 '표현과 인상'의 주제가 도입되는 중요한 역사적 의미를 갖게 된다.

4) 1830년대 미국 시카고의 제재업자가 개발한 벌룬 프레임이라는 공법으로, 2×4인치 공법의 원조에 해당된다. 그 특징은 모든 골조가 2인치 재로 구성되고(모서리 기둥이나 기둥보가 겹

쳐지는 구성) 접합부는 마구리(end header) 접합이 아닌 못 치기를 이용하며 통기둥이라는 점이다. 배경에는 제재업의 발달, 못의 대량생산을 들 수 있으며 부재의 대량생산과 운반에 적합한 공법이 증기선이나 철도의 발달과 함께 그 당시의 통나무나 무거운 목재를 대신하여 미국 전역에 보급되었다.

참고문헌

김성곤, 『서양건축사』, 기문당, 1996.

김인철, *Frank O. Gehry*, 집문사, 1989.

다이앤 기라도, 최왕돈 옮김, 『모더니즘 이후의 현대건축』, 시공사, 2002.

양동양, 『현대건축론』, 기문당, 2001.

윤장섭, 『서양현대건축』, 보성문화사, 1992.

이해성, 『근대건축의 흐름(1900~1950)』, 세진사, 1998.

임석재, 『현대건축과 뉴 휴머니즘』, 이화여자대학교 출판부, 2003.

임수영, 『현대건축의 이해』, 기문당, 2002.

조희라·정경석, 『현대건축의 이해』, 건기원, 2001.

진경돈, 『서양현대건축사』, 도서출판 서우, 2000.

캐롤 스트릭랜드, 양상현 옮김, 『클릭, 서양건축사』, 도서출판 예경, 2003.

필립 존슨, 이일형 옮김, 『해체주의 건축』, 도서출판 전일, 1992.

하인리히 클로츠, 동재욱 편역, 『근대건축의 비젼』, 집문사, 1992.

하인리히 클로츠, 이용재 옮김, *Postmodern Visions*, 집문사, 1988.

Alexander Tzonis, *Architecture in Europe*, Thames & Hudson, 1992.

Andreas Papadakis, *Deconstruction*, Rizzoli, 1989.

Andreas Papadakis, *Theory+Experimentation*, Academy Editions, 1993.

A.L. Morgan & C. Naylor, *Contemporary Architects*, St. James Press, 1987.

Arnell & Peter, *Frank Gehry : Building and Projects*, New york, 1985.

Barbara Goldstein, *Frank O. Gehry & Associates*, Progressive Architecture, 東京, 1980.

Charles Jencks, *Architecture Today*, Academy Editions, London, 1988.

Charles Jencks, *The New Moderns*, Academy Editions, London, 1991

Hugh Pearman, *Contemporary World Architecture*, Paidon Press, London, 1998.

James Steele, *Architecture Today*, Paidon Press, London, 1997.

Peter Gössel, *Architecture in The 20th Century*, Taschen, 1991.

Philip Jodidio, *Contemporary American Architecture* volume IV, Taschen, 1983.

新建築, 『建築 20世紀 Part II』, 新建築, Tokyo, 1990.

三川辛夫, 『*GA DOCUMENT* Special Issue 1970~1980』, A.D.A. EDITA Tokyo, 1980.

三川辛夫, 『*FRANK O. GEHRY & ASSOCIATES*』, *GA DOCUMENT* no. 5, A.D.A. EDITA Tokyo, 1982.

三川辛夫, 『*FRANK O. GEHRY*』, *A.D.A. EDITA* Tokyo, 1993.

건축과 환경, 『*C3A NEW WORLD ARCHITECT : FRANK O. GEHRY*』, 건축과 환경, 2001.

프랭크 게리 최초의 해체주의 건축가

펴낸날	초판 1쇄 2004년 9월 30일
	초판 3쇄 2013년 4월 5일

지은이	**이일형**
펴낸이	**심만수**
펴낸곳	**㈜살림출판사**
출판등록	1989년 11월 1일 제9-210호

주소	경기도 파주시 문발동 522-1
전화	031-955-1350 팩스 031-955-1355
기획 · 편집	031-955-4662
홈페이지	http://www.sallimbooks.com
이메일	book@sallimbooks.com

ISBN	978-89-522-0293-2 04080